*Gräfin Gisela von Streitberg*

# Das Weib am Ende des Jahrhunderts

*Band 1 und 2*

Gräfin Gisela von Streitberg

**Das Weib am Ende des Jahrhunderts**

Band 1 und 2

ISBN/EAN: 9783956971686

Auflage: 1

Erscheinungsjahr: 2013

Erscheinungsort: Treuchtlingen, Deutschland

Literaricon Verlag Inhaber Roswitha Werdin

www.literaricon.de

# Das Weib am Ende des Jahrhunderts.

Von

**Gräfin Gisela von Streitberg.**
(G. B. v. D.. .....)

---

Zweite Auflage.

---

Erster Theil:
Die falsche Moral im Leben des Weibes.

Berlin und Leipzig 1891.
Alfred H. Fried & Cie.

# Inhaltsverzeichniß.

### Erster Theil.
### Die falsche Moral im Leben des Weibes.

**Erstes Kapitel.** Die herkömmliche Moral in Bezug auf Stellung und Beurtheilung der Geschlechter. Eduard von Hartmann. John Stuart Mill. Charles Secrétan. Mrs. Jameson . . 1

**Zweites Kapitel.** Die Lehre vom Gegensatz der Geschlechter. Prüfung der Berechtigung einer zwiefachen Moral auf Grund verschiedener Naturbeschaffenheit von Mann und Weib. Johann Gottlieb Fichte. Die Verwerflichkeit der geltenden geschlechtlichen Moral bewiesen durch Naturwissenschaft, Culturgeschichte und Moralstatistik. Johannes Scherr. Julius Duboc. Polygamie und Monogamie. Plutarch. Moritz Carriere. Christliche Moral . 10

**Drittes Kapitel.** Die schädlichen Consequenzen irriger Voraussetzungen. Forderungen der Ethik, Humanität und Logik. Swift. Montaigne. Sogenannte männliche und weibliche Tugenden. E. von Hartmann. Mrs. Jameson. Die modernen Zeitrichtungen. Adolf Streckfuß. Die Absurdität und Inkonsequenz der zwiefachen Moral und die Beharrlichkeit der Frauen in der Aufrechterhaltung derselben . . . . . . . . 27

**Viertes Kapitel.** Selbsttäuschung und Pharisäerthum der Frauen. Kastengeist . . . . . . 45

**Fünftes Kapitel.** Schein und Sein. Tugendheuchelei und Prüderie. Falsche Auffassung vom Wesen der Jungfräulichkeit. Verkehrte Erziehungsmaßregeln. Bogumil Goltz. Ungerechtigkeit in der gegenseitigen Beurtheilung der Frauen aus den höheren und niederen Gesellschaftsklassen . . . . . 52

**Sechstes Kapitel.** Widerspruch zwischen Theorie und Praxis im weiblichen Liebesleben. Das Wesen der Liebe. J. Duboc. Sinnliche und seelische Liebe. Das Recht freier Liebe.

## II

Nebenbuhlerei und Eifersucht bei den Frauen. Die Dauer der Liebe. Heinrich Heine. Wilhelm von Humboldt. Der Mangel an Solidaritätsgefühl bei den Frauen. Anton von Klesheim. Lessing ... 66

### Zweiter Theil.
**Die verehelichten und die ehelosen Frauen.**

Siebentes Kapitel. **Doppeltes Maaß und Gewicht im ehelichen Leben.** Unaufrichtige Lobredner des Ehestandes. Selbsterniedrigung der Frauen durch Annahme ungleicher Bedingungen vor und in der Ehe. Walther von der Vogelweide. Verschiedene Auffassungen von der ehelichen Untreue. Alexander Dumas d. J. Fichte's Deduction der Ehe. Allgemeines Preußisches Landrecht. Mrs. Jameson. Coleridge. E. von Hartmann. Die mosaischen Ehegesetze. Die Stellung der Frau in den ersten Jahrhunderten des Christenthums. Verschiedene Ehegesetze der Gegenwart. Unmoralische Ehen. Geistiger Ehebruch. Scheidung. Ungleichheit der Gesetze für die gebildeten und ungebildeten Stände . 1

Achtes Kapitel. **Ein alttestamentarisches Vorurtheil und seine Folgen.** Die Ungerechtigkeit der Frauen gegen geschiedene, verwittwete und ledige Geschlechtsgenossinnen. Heirathssucht. Alte Jungfern. Unweiblichkeit. Die Noth der ehelosen Frauen und die Frauenbewegung. Widerstand gegen die Emanzipationsbestrebungen. Madame de Staël. Frau Gottsched. Frau von Reinsberg=Düringsfeld. Prinzipienreiterei. W. Heinrich Riehl. Gesellschaftliche und Standesvorurtheile. Soziale Mißverhältnisse. Gleichgültigkeit der gutgestellten Frauen gegen die allgemeine Nothlage ihres Geschlechtes. Mrs. Jameson 60

### Dritter Theil.
**Die Erziehung der Töchter, Grausamkeiten im Familien- und gesellschaftlichen Leben.**

Erstes Kapitel. Die Lehre vom weiblichen Instinkt 1

Zweites Kapitel. Die Erziehung der Töchter. Fehlgriffe und Versäumnisse in Hinsicht auf die körperliche, geistige und sittliche Ausbildung der Mädchen. Religion und Kunst. Frauen-Lektüre und Frauenzeitungen. Schablonenerziehung. Weibliche Charakterlosigkeit. Louise Büchner. Die Folgen der übertriebenen Unterschiede in der Erziehungsweise der Knaben und Mädchen für das eheliche Leben. Die Trennung der Geschlechter beim Unterricht. Mrs. Jameson . 4

Drittes Kapitel. **Die weiblichen Dienstboten.** Der Klassenkampf zwischen Herrinnen und Dienerinnen. B. Goltz. Louise Büchner. Berechtigte Ansprüche an die Leistungsfähigkeit

III

der Dienenden. Inconsequente Behandlung derselben. Die Nichtachtung ihrer Ehre eine Hauptursache der Sittenlosigkeit bei den Mädchen der unteren Volksklassen . . . . . . . . 31

Viertes Kapitel. Grausamkeiten und Verbrechen im Familienleben. Bevorzugung der Söhne, zu frühe und gewissenlose Verheirathung der Töchter. Kuppelei mittelst Ueberredung, Täuschung und Zwang. Emil Rittershaus. Schiller. Chamisso. Feindschaft zwischen Schwiegermüttern und Schwiegertöchtern. Verstoßung gefallener oder verlorener Töchter . 44

Fünftes Kapitel. Der gesellschaftliche Verkehr. Die allgemeine Achtungsheuchelei. Die Widersprüche der Cavaliersehre. Bescholtenheit und Unbescholtenheit. Die Lästersucht der Frauen. Charakterlose Katzenbuckelei vor hochgestellten und einflußreichen Personen. Folgen der Ueberschätzung des Urtheils der Welt 61

## Vierter Theil.
### Die Enterbten, Gefallenen und Verlorenen.

Erstes Kapitel. Die Enterbten. Sarah und Ismael. Die Vaterliebe. Die Behandlung der unehelichen Kinder durch das Gesetz und die Gesellschaft. Kindesmord. Soziale Gefahr 1

Zweites Kapitel. Die Gefallenen. A. Dumas Classifikation der Frauen. Zwiespalt zwischen kirchlichen und naturalistischen Lehren. Verführung. Goethes Gretchen. Die Macht des Vorurtheils. Inconsequenz der sittenrichtenden Frauen hinsichtlich des Ammenwesens. Geisteskranke Mädchen . . . 22

Drittes Kapitel. Die Verlorenen. Die Lüge von der Nothwendigkeit der Prostitution erwiesen durch Widersprüche in ihrer Begründung. Robert von Mohl. Ursachen und Folgen der Prostitution. Alexander von Oettingen. Moralstatistik. Mädchen- und Kinderhandel. Enthüllungen der Pall-Mall-Gazette. Parent-Duchatelet. Avé-Lallement. Sittenpolizei. Die Verachtung und die Verherrlichung der verlorenen Frauen. Goethe. Canonisirte Huren. Mittel zur Bekämpfung und Vorschläge zur Beseitigung der Prostitution. Lazar B. Hellenbach. Charles Secrétan . . . . . . . 42

Schlußwort. Ausblick in die Zukunft 89

# Einleitung.

> Des Weibes Urtheil ist seine Liebe;
> wo es nicht liebt, hat schon gerichtet
> das Weib. Schiller.

Es klingt nicht schmeichelhaft, dieses Wort des Dichters, der sonst so viel zum Lobe der Frauen zu sagen und zu singen weiß, aber es ist wahr! Und es wird wahr bleiben, so lange noch im Frauenleben das Gefühl den Verstand beherrschen und unterjochen wird. Denn die Gerechtigkeit ist vorzugsweise eine Sache der Einsicht und Erkenntniß, wenngleich sie auch das Gefühl in nicht geringem Maße in Anspruch nimmt. Das Gefühl aber spricht bei den Frauen nicht für das eigene Geschlecht; ja man kann jenes Volkssprichwort durchaus nicht Lügen strafen, welches in ungeschminkter Derbheit gerade heraussagt: „Die Weiber hassen sich unter einander."

Es ist ein schwer zu lösendes Räthsel, dieses gegenseitige Abstoßen, Ausschließen, Verkennen, Verleugnen und im Stiche lassen von Wesen, welche andererseits in hingebender Liebe und Selbstverleugnung das Höchste leisten.

Der Philosoph Platon lehrt bekanntlich, daß Mann und Weib während eines vorzeitlichen Daseins ein einheitliches Wesen gebildet hätten, bei dem Eintritt in das

# VI

irdische Leben aber getrennt worden wären, in Folge
dessen nun jeder Theil nach der Vereinigung mit seiner
ergänzenden Hälfte strebe.*) Hiermit hat er das Walten
der instinctiven Anziehung zwischen beiden Geschlechtern
durch eine hochpoetische Idee verklärt; doch giebt uns
dieselbe keinen Aufschluß über das befremdende Factum,
daß nur die Weiber, nicht aber die Männer eine durch=
aus feindliche Stellung gegen Ihresgleichen einnehmen.
Denn wäre die Abneigung gegen das eigene die Bedin=
gung der Hinneigung zum anderen Geschlecht, so müßte
sich auf beiden Seiten dasselbe Gesetz vollziehen. Ist
vielleicht das Bedürfniß des Anschließens wie auch das
der Verehrung eines mächtigeren Wesens (oder eines das
sie für überlegen hält) eine hervorragende Naturanlage
des Weibes? Dann wird dieselbe fraglos durch grundver=
kehrte Erziehung bei vielen Frauen bis zu einer Art von
Vergötterung gesteigert, mit welcher die Selbsterniedrigung
Hand in Hand geht.

Der Volksmund sagt ein ander Mal ironisch:
„Gute Weiber gönnen einander Alles, ausgenommen
Kleider, Männer und Flachs", das heißt mit anderen
Worten, sie neiden einander alle Vorzüge: Schönheit,
Männergunst, Herzensglück, Reichthum, Rang, Stellung,
Ansehen und — guten Leumund. Doch Mißgunst und
Eifersucht, obschon sie eine bedeutende Rolle im Gemüths=
leben der Frauen spielen, liegen nicht allein ihrer gegen=
seitigen Lieblosigkeit zu Grunde, denn sie geben noch
keine ausreichende Erklärung für die beklagenswerthen
Mißverhältnisse, wie sie gar zu häufig zwischen Schwäge=
rinnen, Schwiegermüttern und Schwiegertöchtern, Stief=

---

*) Das Individuum bildet kein wahres Ganzes, denn es
umschließt nicht sämmtliche Bestandtheile der Gattung. Der wirk=
lich vollständige Repräsentant der Menschheit, das Menschheits=
Molekül ist nicht das Individuum, sondern das Paar.
Charles Secrétan.

## VII

müttern und Stieftöchtern, Berufsgefährtinnen, Herrinnen und Dienerinnen, selbst zwischen Müttern, Töchtern und Schwestern bestehen.

Ja das Frauenherz ist eine Welt voll Ungerechtigkeit! Und so unzählbar wie der Sand am Meere sind die Wunden, welche die Frauenwelt sowohl im Urtheilen wie im Handeln sich selber schlägt. Denn die Nichtachtung ihres ganzen Geschlechts erstreckt sich bis auf die eigene Person; sie geht so weit, sich selbst den Pfahl ins Fleisch zu treiben. —

Wäre die allgemeine Menschenliebe und die Neigung zum Mitleid, welche von Philosophen und Nichtphilosophen den Frauen als Ersatz für vermeintlich mangelnde Verstandeskräfte zugeschrieben wird, in Wahrheit eine so wirksame Macht in ihrem Gemüthe, dann wäre ein solcher Grad der Ungerechtigkeit schlechterdings unmöglich. Allein da die Erfahrung immer von Neuem jene Aussage zweifelhaft macht, so dürfte wohl die Nothwendigkeit einer Herstellung des Gleichgewichts zwischen Gefühl und Vernunft bei dem weiblichen Geschlechte einleuchten, wobei zu allererst eine höhere Ausbildung der Urtheilsfähigkeit zu erstreben wäre.

Die Bezeichnung „Urtheil" setzt eine Selbstständigkeit des Denkens voraus, welche — Gott sei's geklagt — sehr wenigen Frauen eigen ist. Was sie im Allgemeinen für ihr Urtheil halten, ist weiter nichts als ein gedankenloses Wiederkäuen von Anschauungen, die sie von Urahne, Großmutter und Mutter überkommen haben, an denen sie mit der ganzen Zähigkeit ihrer Natur festhalten als dem einzig Wahren und allein Seligmachenden. Sie haben allerlei Meinungen, aber keine Ueberzeugungen, und wo eigene Gedanken und selbstgeschaffene Grundsätze fehlen, da stellen sich die Regeln und Vorschriften ein, welche in der gesellschaftlichen Sphäre der Betreffenden gelten. Eine schablonen=

## VIII

mäßig eingerichtete und geleitete Erziehung läßt den meisten Frauen niemals, manchen erst in vorgeschrittenem Lebensalter zum Bewußtsein kommen, welch eine hohe Aufgabe des Menschen es ist, sich von seinem Denken und Thun Rechenschaft zu geben. Und diejenigen, welche vielleicht in reifen Jahren zu dieser Erkenntniß gelangen, haben dann so manche Irrthümer und Versäumnisse zu beklagen, die sie nicht wieder gut machen können.

## Erstes Capitel.
# Die herkömmliche Moral.

---

> Nur die Weisen besitzen Ideen; der größte Theil der Menschheit ist von Ideen besessen. Mrs. Jameson.

Auf keinem anderen Gebiete übt die Macht vorgefaßter Meinungen einen stärkeren und unheilvolleren Einfluß auf das Frauenleben aus, als auf dem der gegenseitigen Beziehungen der Geschlechter. Da gilt zuförderst die allgemeine, zu einem Hauptlehrsatz der Gesellschaftsverfassung gestempelte Ansicht, daß dem Mann in geschlechtlicher Hinsicht die ausgedehnteste Freiheit, dem Weibe aber nicht die geringste Freiheit gestattet sei.

Bevor man Stellung zu diesem Satze nimmt, der sich sowohl vom Standpunkte des Rechts als auch dem der Moral angreifen läßt, gebührt es sich, die Gründe zu erwägen, welche die Herren der Schöpfung für ihre Freiheitsprivilegien anzuführen pflegen. Denn „Männer richten nach Gründen", sagt Schiller.

Es wird zwar noch immer in allen Sprachen und Tonarten die bis zum Ueberdruß breitgetretene Behauptung wiederholt, daß das weibliche Geschlecht keine Gründe zu erfassen, keine allgemeinen Grundsätze anzuerkennen vermöge, für Logik unzugänglich sei, und, wo dies auch ausnahmsweise der Fall wäre, es dennoch vorzöge, im Urtheilen und Handeln den eigenen Eingebungen zu folgen. Demnach müßte jede Schriftstellerin, wenn sie den Kampf für eine Idee aufnimmt, von der Forderung einer folgerichtigen Begründung ihrer Ansichten dispensirt werden und sich in rein invidnellen Gefühlsäußerungen ergehen dürfen. Daß sie sich dadurch lächerlich machen und ihre Sache von vorneherein verloren sein würde, ist selbstverständlich.

Die Verfasserin nachstehender Schrift wünscht von dem genannten Zugeständniß keinen Gebrauch zu machen und ist bereit, den Kampf mit jeder rechtlichen Waffe aufzunehmen.

Mag auch die absichtlich herangezogene und gehegte weibliche Verstandesschwäche mit ihrem unabsehbaren Gefolge von Begriffsverwirrungen und Widersprüchen bei tausend und abertausend Gelegenheiten den Männern zur Last fallen, im vorliegenden Falle dient sie dem Egoismus derselben als beste Stütze; denn willig und demüthig beugt sich hier die überwiegende Mehrzahl des schwachen vor dem Dictatorenspruch des starken Geschlechts, ohne nach Gründen zu fragen, oder deren Stichhaltigkeit anzuzweifeln. Es ist dies ein Gefangengeben des eigenen Gewissens, ein Verleugnen der persönlichen Würde, wie es den Zöglingen einer Jesuitenschule alle Ehre machen würde.

Welches sind denn nun die zwingenden, von aller Welt anerkannten Gründe, auf denen die ungleiche sittlichsoziale Stellung der Geschlechter beruht?

Der bekannte Philosoph Eduard von Hartmann hat dieselben unlängst in einer Abhandlung „über die Gleichstellung der Geschlechter"*) zur Sprache gebracht

---

*) Berliner Monatshefte für Literatur, Kritik und Theater, herausgegeben von Heinrich Hart. April 1885.

und gezeigt, daß auch ein eifriger Vertreter der neuesten Weltanschauung aus derjenigen vergangener Zeitalter gern das beibehält, was seinen persönlichen Interessen und Leidenschaften dient.

Der Hauptgrund also lautet kurz gefaßt: „Wollte man dem weiblichen Geschlecht dieselbe Freiheit einräumen wie dem männlichen, so würde dies eine Zügellosigkeit und Entartung der Sitten zur Folge haben, welche die Auflösung aller festen geheiligten Bande, den Ruin von Familie und Gesellschaft herbeiführen müßte."

Gewiß, die Folgerung aus dieser Voraussetzung ist unstreitig richtig; wie aber ergiebt sich daraus die Berechtigung des männlichen Geschlechts, seinerseits durch zwanglose Libertinage die Grundlage des häuslichen und gesellschaftlichen Lebens bis in die innersten Fugen zu erschüttern und zu untergraben? Ist es recht und billig, daß das schwächere Geschlecht und zwar nicht einmal in seiner Gesammtzahl sondern nur ein ausgewählter Theil desselben — die Säulen und Pfeiler bilden soll, welche das wankende Gebäude stützen, daß die blutigen Thränen schuldloser Frauen das zerbröckelnde Mauerwerk zusammenkitten müssen?

Wenn eines Verschwenders Weib und Kinder an seinem unsinnigen Aufwand theilnehmen, so werden sie mit einander ohne Frage viel schleuniger dem Bankerott verfallen, als wenn er allein durch Trunk, Kartenspiel und andere Laster sein Vermögen vergeudet, während die Seinigen bis aufs Aeußerste darben und zu retten suchen, was noch zu retten ist. Welcher vernünftige Mensch aber würde dem Hausvater das Vorrecht zu solcher Handlungsweise zusprechen wollen? Und was im Besondern gilt, sollte das nicht Geltung haben in Bezug auf das Allgemeine, auf eine in das sociale Leben tief eingreifende Institution?

Die Zeit, da zwischen Mann und Mann das Faustrecht entschied, ist uns längst entrückt, und ebenso gehören die Zeiten, da der Mann das Weib allein durch die Uebermacht seiner physischen Kraft vor Unbill und Gefahr beschirmen mußte, der Vergangenheit an. Daß der damaligen Barbarei und rohen Willkür in unserem Zeitalter durch geordnete Staatsregierungen und Gesetze überall ein Riegel vorgeschoben ist, kommt dem Manne wesentlich zu Statten; handelt er darum gerecht, wenn er dem Weibe den Antheil an diesen Segnungen verkürzt, wenn sein nackter Egoismus noch das Recht des Stärkeren beansprucht und aufrecht erhält? Daß durch allgemeinen Brauch dieses Recht noch immer sanctionirt wird, ist eine Schmach für den Fortschritt der Menschheit in Erkenntniß und Gesittung.

Es muß befremden, daß John Start Mill, der begeisterte Verehrer des weiblichen Geschlechts und eifrige Vorkämpfer für Frauenemanzipation, in seiner Schrift „On the subjection of women" den wichtigsten aller Punkte, nämlich die Gleichstellung vor dem Sittengesetze, nicht besonders erörtert. Nichtsdestoweniger enthält gerade dieses Werk mehr als eine Stelle, welche eben so treffend auf die Frage von der moralischen wie der politischen Gleichberechtigung der Geschlechter anwendbar ist. So heißt es daselbst: „Das Geringste, was gefordert werden kann, ist, daß die Frage nicht von vornherein als durch vorhandene Thatsachen und Meinungen erledigt betrachtet werden möge, sondern daß man die Diskussion über dieselbe vom Gesichtspunkt der Gerechtigkeit und Zuträglichkeit eröffne und die Entscheidung hierüber, wie über alle Einrichtungen der menschlichen Gesellschaft, davon abhängig mache, was ein einsichtsvolles Abwägen zwischen Bestrebungen und Erfolgen als das Förderlichste für die ganze Menschheit ohne Unterschied der Geschlechter erweisen wird."

Wie schwer, wie fast unmöglich es indessen ist, einer so gefestigten Macht, wie dem Herkommen entgegenzuwirken, spricht derselbe Autor an einer anderen Stelle aus: „Es nützt mir nichts, zu sagen, daß diejenigen, welche den Frauen irgend eine Freiheit oder ein Vorrecht verweigern, das sie mit vollem Rechte den Männern zugestehen, mit unnachsichtiger Strenge genöthigt werden sollten, erschöpfende Beweise für die Gerechtigkeit ihrer Sache beizubringen, und daß, falls sie nicht jeden Zweifel daran zu beseitigen vermögen, der allgemeine Urtheilsspruch sich gegen sie wenden müßte. In jedem anderen Falle würde diese Forderung als billig anerkannt werden, doch in diesem Falle will man nichts davon hören. Man nimmt an, daß die Entscheidung, welche einerseits das allgemeine Herkommen, andererseits das starke Uebergewicht der öffentlichen Meinung über eine Rechtsfrage gefällt hat, erhaben sei über jeden Widerspruch, den eine abweichende Ueberzeugung durch Berufung an die gesunde Vernunft etwa in den gebildeten Klassen hervorzurufen im Stande wäre.\*)

Die Frage, wie es die Machthaber auf Erden angefangen haben, um sich einen Schein des guten Rechts zu geben und in dem leicht zu beeinflussenden

---

\*) Eine kleine Schrift, welche wegen ihrer bündigen, maßvollen Sprache und ihrer Objectivität den weitläufigen Ausführungen J. St. Mill's vorzuziehen ist, hat Charles Secrétan, Professor des Naturrechts in Lausanne veröffentlicht unter dem Titel: Das Recht der Frau. (Ins Deutsche übertragen von Dr. med. Wilhelm Loewenthal, Lausanne u. Leipzig 1886). Er sagt zu Anfang: „Es ist in der That klar, daß die Frage von den Rechten der Frau in der allgemeinen Frage von der Existenz des Rechts überhaupt aufgeht, mit dieser steht und fällt. Ist das Gesetz nichts anderes und kann es nichts anderes sein, als der Ausdruck des Willens des Stärkeren, ist die Unterscheidung zwischen dem, was ist, und dem, was sein soll, eine nicht berechtigte, hat dieses Wort „berechtigt" überhaupt keinen rechten Sinn, giebt es keine moralische Ordnung und kein Recht — dann beschränkt sich die Frage nach dem Frauenrechte philosophisch lediglich auf die Bestimmung derjenigen Stellung, welche der Machthaber in ausschließlicher Berücksichtigung seines eigenen Interesses der Frau anzuweisen für gut findet."

schwächeren Geschlechte das Bewußtsein seiner Benach=
theiligung nicht aufkommen zu lassen, ist unschwer zu
beantworten. St. Mill sagt darüber: "Die Gebieter aller
anderen Sklaven bedienen sich zur Aufrechterhaltung
ihres Gehorsams der Furcht, entweder vor der Person
des Herrschers, oder vor einem Gebot der Religion. Die
Beherrscher der Frauen aber verlangen mehr als ein=
fachen Gehorsam, deshalb wendeten sie die ganze Macht
der Erziehung an, um ihren Zweck zu erreichen.
Allen Frauen wird von ihrer frühesten Lebenszeit an
beigebracht, daß das Ideal des weiblichen Charakters
das gerade Gegentheil des männlichen sei: nicht eigener
Wille und Selbstbestimmung, sondern Nachgiebigkeit und
Unterwerfung unter die Leitung Anderer."

Dank dieser Erziehung ist auch gegenwärtig die
große Mehrzahl der Frauen noch dermaßen in den
alten gewohnten Vorurtheilen befangen, daß sie sich
gegen die Erhebung und Verbesserung ihrer Stellung
sträuben. Es ist ihnen bei dem Gedanken daran etwa
zu Muthe, wie freigelassenen Leibeigenen, welche mit
ihrer Freiheit nichts anzufangen wissen und dieselbe
eher wie einen Unsegen als wie einen Segen empfinden.
Sie tragen ihre Sklavenketten mit einer gewissen Genug=
thuung, indem sie sich eine religiöse Pflicht daraus
machen. Denn noch ist die uralte, mosaische Auffassung
nicht zu Grabe getragen, daß: sintemal Eva den Adam
verführt habe und durch das erste Weib die Sünde in
die Welt gekommen sei, das ganze weibliche Geschlecht
nun für alle Zeiten dem männlichen Genugthuung
schulde und es dulden müsse, daß ihm der Fuß auf
den Nacken gesetzt werde.*)

---

\*) "Die Sünde kommt her von einem Weibe, und um ihret=
willen müssen wir alle sterben." (Sirach 25, 32.)

Es giebt kaum etwas Ungereimteres als diesen Mythus
vom Ursprung der Sünde und die daran geknüpfte Folgerung,
das künftige Verhältniß der Geschlechter betreffend! Wäre der

Ein alter Großonkel der Verfasserin vernahm einst aus dem offenen Fenster eines Hauses lautes Jammergeschrei und sah, wie ein Mann seine Frau mit einem Stocke durchprügelte. Entrüstet betrat er das Haus und machte dem rohen Menschen Vorwürfe. Da stemmte dessen zarte Ehehälfte die Hände in die Seite, trat vor ihn hin und unterbrach seine Rede mit dem Ausruf: „Er Gelbschnabel, er! Was hat er sich um unsere Angelegenheiten zu kümmern! Mach er, daß er fortkommt!" „So, so," entgegnete der alte Herr, „nun, dann prügelt nur in Gottesnamen weiter, lieber Mann."

Aehnliche Erlebnisse gehören keineswegs zu den Seltenheiten; jeder Polizist könnte deren erzählen. Und ähnliche Spuren freiwilliger Erniedrigung der Frauen finden sich in allen Schichten der Gesellschaft von den untersten bis zu den höchsten wieder. Sie sind nur der Form, nicht aber dem Wesen nach verschieden. Wo

---

Gott Israels ein gerechter Gott, so hätte er den Adam wegen der jämerlich charakterschwachen Rolle, die derselbe bei dem Sündenfalle gespielt, zum Kindergebären und Säugen verurtheilen und ihn lebenslänglich unter den Willen der trotzigkühnen Eva beugen müssen. Wollte er aber dem Adam als besondere Strafe (?) die Arbeit im Schweiße seines Angesichts auferlegen, dann durfte Eva doch wenigstens hieran keinen Antheil haben; vielmehr hätte ihr ein unthätiges Pflanzenleben beschieden sein müssen.

Nicht Gott schuf den Menschen ihm zum Bilde, sondern der Mensch schuf und schafft sich noch überall seine Gottheit nach dem Bilde seines eigenen Wesens!

Unbegreiflich aber ist heutzutage das Festhalten dieser den naivsten Vorstellungen entsprungenen Ueberlieferungen aus einem vorgeschichtlichen Zeitalter, als wären es heilige und hochwichtige Glaubensartikel!

Fritz Reuter hat seinen köstlichen Humor in unübertrefflicher Weise daran ausgelassen, indem er einen einfältigen Predigtamtskandidaten als Einleitung zu seinem Heirathsantrag der Erwählten das dritte Kapitel des ersten Buches Mose vorlesen und sie dann fragen läßt: ob sie unter diesen christlichen Umständen sein christliches Eheweib werden wolle. (Ut mine Stromtid. Band I, Kap. 18.)

etwas geschieht, sei es mit Worten oder Thaten, um die Frauen von ihrem Gängelbande und ihren Scheuklappen zu befreien, da entsetzen sie sich und rufen dem wohlmeinenden Reformator entgegen: "Wenn wir leiden, was geht es dich an?" Ja wahrlich, man kann zum Weibe sprechen: Du selber bist Dein größter Feind! —

Die Ansicht, daß es für die Männer eine andere Moral geben müsse, als für die Frauen, ist an und für sich so **absurd**, daß sie kaum werth ist, überhaupt vor den Richterstuhl der Vernunft gezogen zu werden. Dennoch beherrscht sie die Welt und zwar — durch die Frau. Der Culturhistoriker W. H. Riehl\*) bezeichnet sehr richtig die Frauen als das beharrende Prinzip in Familie und Staat. Durch ihre Beharrlichkeit pflegen und fördern sie nicht allein das Gute, sondern auch das Schlimme und tragen sehr wesentlich zur Erhaltung socialer Uebelstände bei.

"Nach Freiheit strebt der Mann, das Weib nach Sitte," so lautet das vielgebrauchte, aber oft ganz **falsch** verstandene Dichterwort. Namentlich sind es die Frauen, welche irrthümlich glauben, das Wort Sitte sei gleichbedeutend mit Sittlichkeit, während es eigentlich nur Herkommen und Brauch bezeichnet. Moralität heißt bei ihnen soviel wie Gehorsam gegen die Vorschriften der Gesellschaft; diese sind ihnen Gesetz und Evangelium, mögen sie noch so verkehrt und verderblich sein. "Denn wie das Auge durch tägliche Gewöhnung selbst für Mißgestaltungen unempfänglich gemacht wird, so wird auch das Gewissen durch Ueberlieferung und Gewohnheit abgestumpft gegen entschiedene Unsittlichkeit," sagt Mrs. Jameson in ihrem vortrefflichen "Book of common thoughts, memories and fancies". In beherzigenswerther Weise hebt sie das Verwerfliche in den allgemeinen gesellschaftlichen Anschauungen hervor, welche vor

---

\*) Die Familie.

Allem das Gemüthsleben schädigen, indem sie je nachdem den moralischen Standpunkt für die Männer zu einem hohen, für die Frauen zu einem niedrigen macht, oder umgekehrt. „Dieser unter Weltmenschen am meisten verbreitete Irrthum", sagt sie, „ist ein durchaus verderblicher und zwar in dreifacher Hinsicht: erstens verunstaltet er das Ideal, soweit es in unserem Bewußtsein lebt; zweitens verschiebt er im praktischen Leben die Grenzen zwischen Recht und Unrecht; drittens streitet er wider den Geist und die Grundsätze des Christenthums."

## Zweites Kapitel.
# Die Lehre vom Gegensatz der Geschlechter.

---

> Das ist doch Bein von meinem
> Bein und Fleisch von meinem Fleisch!
> I. Mose 2, 23.

Ein zweiter Grund, welcher zur Rechtfertigung der Privilegien einer Hälfte der Menschheit dienen muß, ist folgender: Daß die ungleiche Stellung und Beurtheilung der Geschlechter vor dem Richterstuhle der Moral auf der Verschiedenheit ihrer Naturbeschaffenheit beruhe.

Es ist dies gleichsam der Haupttrumpf, den die Männer gegen die Frauen ausspielen und der den Letzteren dermaßen imponirt, daß sie ihn blindlings bedienen. Sie lassen sich Sand in die Augen streuen durch das elendeste aller Sophismen: daß das Weib in ihrer angeborenen Reinheit höher dastände als der weniger reine Mann und daß die Welt deßhalb einen strengeren sittlichen Maßstab an sie legen dürfe!

Um dies nur einigermaßen einleuchtend zu finden, müßte man wiederum auf den Schöpfungsmythus zurückgehen, laut dessen Adam aus einem Erdklumpen, Eva aus seiner Rippe, also beide aus verschiedenen

Grundstoffen erschaffen worden sind und daraus die Annahme entwickeln, daß der erste Mann ein grobsinnliches, halb thierisches, das erste Weib ein halb engelhaftes Geschöpf gewesen sei. Darnach ließe sich auch ganz begreiflich finden, daß die der Eva zugewiesene Betheiligung an der Fortpflanzung der Menschenart der härteste Fluch war, womit Gott der Herr ihre Uebertretung seines Gebotes strafen konnte.

Jedoch muß sich im Laufe der Zeit das thierische und das engelhafte Element ausgeglichen haben, denn das weibliche Geschlecht hat seit Menschengedenken die Erfüllung seiner Bestimmung niemals als Fluch empfunden. Unter dem jüdischen Volke herrschte und herrscht noch die Ansicht, daß Kinderlosigkeit dem Weibe eine Schmach sei; wir lesen im alten Testament von unfruchtbaren Frauen, daß sie Jehova inbrünstige Gebete, Gelübde und Opfer darbrachten, damit er sie von dieser Schmach errette,*) und von der Tochter Jephthas, daß sie, als sie in ihrer Jugendblüthe sterben mußte, ihre Jungfrauschaft beweinte.**) Sogar vor List, Trug- und Blutschande schreckten manche Weiber dieses Stammes nicht zurück, um zu ihrem Ziele zu gelangen.***)

Die Sehnsucht nach dem größten für sie erreichbaren Glücke, das in der Weihe der Mutterschaft besteht, ist wohl in jedem nicht entarteten weiblichen Wesen vorhanden; denn die Mutterliebe ist in Wahrheit das ewig Weibliche. Daraus ergiebt sich schon von selbst und braucht nicht erst durch Naturgeschichte und Physiologie dargewiesen zu werden, daß nach des Schöpfers Anordnung wie im Manne so auch im Weibe der Fortpflanzungstrieb waltet, welches Factum leugnen zu wollen Seitens der Frauen nur eine Heuchelei und

---

\*) 1 Mose 30, 1—24. Richter 13. 1. Sam. 1.
\*\*) Richter 11.
\*\*\*) 1 Mose 19. 1 Mose 38.

Unnatur, eine Frucht überfeinerter Cultur ist.\*) Denn auch die Abstammung von Ahnen auserwählten Standes durch zahlreiche Generationen, auch die sorgfältigste Körperpflege und feinste Geistesbildung vermag die Natur des Weibes zu keiner seraphischen umzuschaffen; und gesetzt, dies wäre möglich, so würde die vornehme Dame, die hochgebildete, wohlerzogene Frau als eine bejammernswerthe Märtyrerin ihrer Bestimmung zu betrachten sein, welche sich durch die animalischen Vorgänge in ihrem Leben aufs Tiefste erniedrigt fühlen, sich im Zustande der Schwangerschaft vor den Blicken aller Welt verbergen und sich schämen müßte, dem eigenen Kinde die nährende Brust zu reichen. Das Weib wäre überhaupt nicht unter den Begriff des Menschen zu fassen, wenn ihr jener Trieb nicht innewohnte, welcher die Grundlage fortgesetzten Menschendaseins bildet.\*\*) Was

---

\*) „Die menschliche Natur ist so geneigt, in allen Dingen das richtige Maß zu überschreiten, daß sie, sobald sie nur eine wahre Empfindung, einen wahren Grundsatz erfaßt hat, nichts Eiligeres zu thun weiß, als ihn auf die Spitze zu treiben, ins Falsche und Absurde zu verkehren. So geschieht es, daß die Schamhaftigkeit, diese schöne Aeußerung der Keuschheit, welche der Liebe bei den späteren Menschengeschlechtern eine Zartheit verlieh, die den älteren unbekannt war, in den weiblichen Seelen bald einen so übertriebenen Grad erreicht hat, daß sie zu einem beinahe erniedrigenden Gefühle geworden ist, dem Gefühle, das sich der Liebe selbst schämt." (la honte dans l'amour.)

Daniel Stern, Esquisses morales, pensées, réflections et maximes.

\*\*) Johann Gottlieb Fichte äußert sich in seiner Deduction der Ehe (Anhang zur Grundlage des Naturrechts nach Prinzipien der Wissenschaftslehre) über die angenommene Verschiedenheit der Geschlechter folgendermaßen:

„Der Mann kann, ohne seine Würde aufzugeben, sich den Geschlechtstrieb gestehen und die Befriedigung desselben suchen; ich meine ursprünglich. Wer in der Verbindung mit einem liebenden Weibe diese Befriedigung allein sich noch zum Zwecke machen könnte, wäre ein roher Mensch. Das Weib kann sich diesen Trieb nicht gestehen. (?) Der Mann kann freien, das Weib nicht." [Sie

aber Gott gereinigt hat, das soll der Mensch nicht gemein machen.

thut es aber doch mittelbar durch ihr Bestreben, den Männern zu gefallen, ein Bestreben, welches Fichte bei dem unverheiratheten Weibe auch gerechtfertigt findet. D. V.]

„Das Weib kann sich nicht gestehen, daß sie sich hingebe — und da in dem vernünftigen Wesen etwas nur insofern ist, inwiefern es sich desselben bewußt wird — das Weib kann überhaupt sich nicht hingeben der Geschlechtslust, um ihren eigenen Trieb zu befriedigen; und da sich denn doch zufolge eines Triebes hingeben muß, so kann dieser Trieb kein anderer sein, als der, den Mann zu befriedigen. (!) Sie wird in dieser Handlung Mittel für den Zweck eines Anderen, weil sie ihr eigener Zweck nicht sein konnte, ohne ihren Endzweck, die Würde der Vernunft aufzugeben." [Giebt der Mann denn etwa die Würde der Vernunft nicht auf, so lange er sich ganz dem thierischen Triebe überläßt? Und einem höher gearteten Wesen sollte es ein Bedürfniß sein, den Trieb eines niedriger gearteten zu befriedigen? In der gesammten Natur paaren sich doch nur gleichgeartete Wesen; Mann und Weib aber sollen zwar der gleichen Art angehören, sollen beide auf derselben Stufe als Vernunftswesen stehen und ihre Naturen dennoch den schroffsten Gegensatz bilden? Gewiß nicht! Das Vorhandensein eines Naturtriebes an sich kann dem Weibe ebensowenig zur Unehre gereichen und das Gefühl ihrer Würde beeinträchtigen, als dies bei dem Manne der Fall ist, und sie darf sich deshalb den Geschlechtstrieb auch ohne Scheu eingestehen.

Wie kommt es denn, daß bei den weiblichen Thieren überall Brunsterscheinungen auftreten, daß die Geschlechter sich gegenseitig suchen?

Wäre es eine für die große Naturökonomie zweckdienliche Einrichtung, daß auf dem Gebiete der Fortpflanzung nur von dem einen Geschlechte der Antrieb ausginge, während das andere sich völlig passiv verhielte, so würde im ganzen Thierreich dieselbe Einrichtung bestehen. Empört sich jedoch der menschliche Stolz im Weibe gegen die unumstößliche Thatsache, daß sie selbst in leiblicher Beziehung dem Säugethiere so nahe verwandt ist, dann muß er sich consequenterweise auch wider die Annahme einer thierischen Beanlagung des Mannes empören. **Thier und Engel** aber können noch viel weniger ein Ganzes bilden, als Fisch und Vogel. Mag man die biblische Schöpfungsgeschichte als Dichtung oder als göttliche Offenbarung ansehen, sie enthält ein Wort von unleugbarer Wahrheit in Bezug auf Mann und Weib: „Und sie werden sein Ein Fleisch." 1 Mose 2, 24. D. V.]

Es ist ein Irrthum, Sinnlichkeit mit Unkeusch=
heit zu verwechseln, denn die Sinnlichkeit, von welcher
überdies behauptet wird, daß sie dem leichter erregbaren
Weibe in höherem Grade eigen sei, als dem Manne,

———

„Sie behauptet ihre Würde, ohnerachtet sie Mittel wird,
dadurch, daß sie sich freiwillig, zufolge eines edlen Naturtriebes,
des der Liebe, zum Mittel macht. Liebe also ist die Gestalt, unter
welcher der Geschlechtstrieb im Weibe sich zeigt. Liebe aber ist
es, wenn man um des Andern willen, nicht zufolge eines Be=
griffes, sondern zufolge eines Naturtriebes sich aufopfert. Bloßer
Geschlechtstrieb sollte nie Liebe genannt werden, dies ist ein gro=
ber Mißbrauch, der darauf auszugehen scheint, alles Edle in der
menschlichen Natur in Vergessenheit zu bringen.

Im Manne ist ursprünglich nicht Liebe, sondern Ge=
schlechtstrieb; sie ist überhaupt in ihm kein ursprünglicher, son=
dern nur ein mitgetheilter, abgeleiteter, erst durch die
Verbindung mit einem liebenden Weibe entwickelter Trieb (?)
und hat bei ihm eine ganz andere Gestalt. Nur dem Weibe ist
die Liebe, der edelste aller Naturtriebe angeboren; nur durch
dieses kommt er unter die Menschen, so wie andere gesellige Triebe."

[Auch bei dem Weibe muß sich der anfänglich ihr noch unbe=
wußte Geschlechtstrieb erst zur Liebe entwickeln und veredeln, was
jedoch nicht immer geschieht, daher beides wohl zu unterscheiden
ist Man könnte den Fichteschen Satz umkehren und sagen: Im
Weibe ist ursprünglich nicht Liebe; diese wird erst durch die Wer=
bung des liebenden Mannes in ihr erweckt; darum ist sie ein
mitgetheilter Trieb. Wäre es ein regelrechtes Factum, daß das
Weib zuvörderst ohne Gegenliebe dem Manne ihre Liebe ent=
gegenbrächte, dann müßte sie ihn freien, aber nicht umge=
kehrt. Denn es ist doch eine über die Maßen verletzende und
erniedrigende Vorstellung, daß der rohe Geschlechtstrieb des
Mannes und nicht seine persönliche Zuneigung die Liebe des
Weibes gewinnen, daß sein Antrag von vorn herein die Er=
klärung enthalten soll: Bist Du es nicht, so ist es eine Andere!

Fichte macht aus [der Ehe gleichsam ein Sakrament, das
den Mann erst aus einem Thiere zum Menschen umwandelt: er
muß folglich auch annehmen, daß die schönsten, reinsten und
innigsten Liebeslieder, welche jemals von Dichtern gesungen
wurden, denen noch kein liebendes Eheweib zur Seite stand,
nur Aeußerungen des thierischen Geschlechtstriebes sind, wie der
Gesang der männlichen Vögel zur Paarungszeit! Das eine ist
so absurd, wie das andere widerwärtig ist. D. V.]

ist ursprünglich rein und gesund.*) Wie aber alles Gute in etwas Schlimmes verkehrt werden kann, so verwandelt sich die Sinnlichkeit nur zu leicht in Unkeuschheit. In wie weit hierbei krankhafte Störungen des Organismus, ererbte Anlagen, überhaupt rein körperliche Ursachen mitwirken, entzieht sich der Beurtheilung des Laien fast gänzlich.

Zu welcher furchtbaren, zerstörenden Macht die Ausartung der niederen Sinnentriebe auch in dem weiblichen Geschlechte sich entwickelt, wenn derselben durch den äußerlichen Zwang der Sitte und namentlich durch veredelnden Einfluß von Jugend auf keine Schranken gesetzt werden, dafür legen sowohl Culturgeschichte als Moralstatistik der Vergangenheit und Gegenwart beredtes Zeugniß ab. Erstere berichtet uns von dem niedrigen oder tief gesunkenen moralischen Standpunkt

---

*) "Im unverdorbenen Weibe", behauptet Fichte, "äußert sich kein Geschlechtstrieb und wohnt kein Geschlechtstrieb (??), sondern nur Liebe, und diese Liebe ist der Naturtrieb des Weibes, einen Mann zu befriedigen. Es ist allerdings ein Trieb, der dringend seine Befriedigung heischt; [Wie wäre dies nach dem vorher Gesagten auch nur einigermaßen zu erklären? D. B. aber diese seine Befriedigung ist nicht die sinnliche des Weibes, sondern die des Mannes; für das Weib ist sie nur Befriedigung des Herzens."

[Dies ist grundfalsch. Denn da schon allein alle zu den Naturmenschen zählenden Weiber — um von der Mehrzahl der anderen hier nicht zu reden — unwidersprechliche Belege gegen obige Behauptung abgeben, so würden die unverdorbenen Weiber einen zu verschwindend geringen Prozentsatz bilden, als daß die Gesammtbezeichnung "das Weib" auf denselben angewendet werden dürfte. Man müßte demnach die Menschheit in Engel, Weiber und Männer eintheilen. D. B.]

"Im Weibe erhielt der Geschlechtstrieb eine moralische Gestalt, weil er in seiner natürlichen die Moralität derselben ganz aufgehoben hätte."

[Die Naturgesetze an sich können überhaupt nicht im Widerspruch mit der Moralität stehen, geschweige denn bei einem Geschlecht allein. Fichte, der die Moralität hoch hält und ihre Verbreitung anstrebt, lockert ihr zur gleichen Zeit das Fundament durch seine falschen Theorien. D. B.]

der Frauen nicht nur unter heidnischen, außereuropäischen, sondern gleicherweise unter den christlichen Völkern des Abendlandes; sodann von der fast ausnahmslosen Hingabe der Frauen aller Stände an das Laster der Unzucht zu Zeiten allgemeiner hochgradiger Sittenverderbniß.\*) Letztere zeigt uns in erschütternden Bildern die Unzahl weiblicher Wesen, welche heute wie ehemals in allen Ländern des Erdkreises sich dem Lasterleben völlig weihen, tausende von Mädchen, welche bodenloser Leichtsinn fort und fort zu Falle bringt, trotzdem sie Schande, Elend und Untergang als meist unausbleibliche Folgen rings um sich her vor Augen haben. Und endlich haben sich Heilkunde und Pädagogik mit den verderblichen thierischen Neigungen zu befassen, welche nicht selten an weiblichen Kindern schon im zarten Alter wahrzunehmen sind.

Schrieb doch schon Paulus, gelegentlich der Behandlung in dieses Gebiet einschlagender Fragen: „Das Weib ist ihres Leibes nicht mächtig, sondern der Mann, Desselbigen gleichen ist der Mann seines Leibes nicht mächtig, sondern das Weib."\*\*)

Und diesen Ausspruch bestätigt ein nichts weniger als bibelgläubiger Gelehrter unserer Tage, Julius Duboc, nachdem er vieler Herren Länder gesehen und unter Völkern verschiedener Zonen gelebt hat. Er bestreitet die Wesensverschiedenheit des Liebesgefühls bei Mann und Weib und führt dieselbe auf den Schein zurück,

---

\*) Johannes Scherr, Geschichte der deutschen Frauenwelt.
\*\*) 1 Korinth. 7, 4 und 5.

Paulus freilich hob den Unterschied zwischen dem natürlichen berechtigten Sinnentriebe und der Unkeuschheit so gut wie völlig auf; er heftete sogar dem ehelichen Umgange eine Beimischung von Sünde an und seine Ansicht, daß die Keuschheit um Gottes willen höher stünde als die Erfüllung der in der Ehe bedingten Verpflichtung zur Erhaltung der Menschheit, legte den Grund zu der tollsten aller Verirrungen und Versündigungen an den Geboten der Natur, dem Coelibat.

den die Färbung des Gefühls bei den verschiedenen Geschlechtern hervorruft. Darauf sagt er: „Diese und ähnliche Unterschiede heben aber doch nicht auf, was jeder tiefere Einblick bestätigt: **daß die Geschlechtsliebe nach Bildung, Verlauf, Gefühlsinhalt, Leistungsvermögen und allen charakteristischen und unterscheidenden Symptomen für beide Geschlechter einen durchaus gleichartigen Besitz darstellt.**\*)

Wären die Frauen der bevorzugten Stände nicht allzu gewohnt ein Phantasieleben zu führen, anstatt mit offenen Augen die Dinge in der Welt zu betrachten, wie sie sind, so würde ein Einblick in das aufgeschlagene Buch des Lebens sie besser über ihre eigene Natur mit ihren Vorzügen und Mängeln aufklären als alle Erzeugnisse schöngeistiger Literatur, oder alle physiologischen, gynäkologischen, ethnologischen, anthropologischen, philosophischen und socialen Schriftwerke, welche größtentheils nur von Männern für Männer verfaßt und von diesen gelesen werden und den Zweck haben, die leibliche und geistige Inferiorität des weiblichen Geschlechts zu beweisen, um daraus seine gesellschaftlich und rechtlich untergeordnete Stellung, gewissermaßen sogar seine sittliche Herabwürdigung zu rechtfertigen.

Der lüsterne Geck von zwanzig wie der übersättigte Lebemann von fünfzig Jahren, berufen sie sich etwa auf derartige wissenschaftliche Studien, wenn sie sich ihrer Weiberkenntniß rühmen? Mit nichten! Sondern auf ihre spezielle Erfahrung. Ist es nun aber nicht seltsam, daß der beschränkteste, unwissendste, roheste und charakterloseste Mann sich für befugt hält, über die Natur der Weiber, in deren Haut er doch niemals gesteckt, abzuurtheilen, wohingegen, wenn die Männernatur in Frage kommt, viele scharfsinnige, gebildete und feinsühlende Frauen, von

---

\*) Psychologie der Liebe.

der großen, gedankenlosen Masse zu schweigen, sich wie die Kinder mit dem Bescheid abfertigen lassen, daß sie von solchen Dingen nichts verstehen könnten, noch zu verstehen brauchten?*)

Freilich ist es ein Gegenstand, von dessen Untersuchung die Gedanken und Gefühle eines keuschen Weibes sich am liebsten abwenden möchten; doch greift er zu tief ins menschliche Leben ein, als daß man ihn mit feiger Scheu oder bequemer Oberflächlichkeit bei Seite schieben dürfte.

---

*) Fichte: „Der Mann, der Alles, was im Menschen ist, sich selbst gestehen kann, sonach die ganze Fülle der Menschheit in sich selbst findet, [trotzdem ihm der edelste Naturtrieb erst von dem Halbmenschen, Weib genannt, eingepflanzt werden soll? D. V.] überschaut das ganze Verhältniß, wie das Weib selbst es nie überschauen kann (?) Daß er, der die weibliche Unschuld [sagen wir lieber: die weibliche Selbsttäuschung] nicht hat, noch haben soll, diesen Trieb zergliedere, geht das Weib nichts an; für sie ist er einfach, denn das Weib ist kein Mann."

[Wenn der Trieb des Mannes, laut Fichte, doch einfach thierisch ist, was giebt es denn daran zu zergliedern? Viel eher dürfte das Weib dies thun; denn im unverdorbenen Weibe gesellt sich noch ein deutlich bewußtes Moment hinzu, nämlich das Verlangen nach der Mutterschaft!

Dieser wesentliche Unterschied, welchen das Geschlechtsleben des Mannes und des Weibes in ethischer Beziehung, ganz abgesehen von der rein natürlichen, darbietet, wird aber von Fichte schlechthin geleugnet.

„Die Weiber", sagt er, „würden sich über ihre Natur erheben, wenn die Befriedigung des Geschlechtstriebes an sich nicht Zweck wäre, sondern als bloßes Mittel gedacht würde für einen anderen durch Freiheit sich vorgesetzten Zweck. Wenn dieser Zweck nicht ein ganz verwerflicher sein soll (etwa der, den Titel Frau und die Aussicht auf ein sicheres Brot zu haben, in welchem Falle die Persönlichkeit zum Mittel eines Genusses gemacht wird), so könnte er kein anderer sein, als der Naturzweck selbst: Kinder zu haben, den auch einige vorwenden. Aber da sie diesen Zweck mit jedem möglichen Manne hätten erreichen können, mithin in ihrem Prinzip gar kein Grund liegt, daß sie gerade diesen wählen [als ob den meisten Frauen überhaupt eine Auswahl dargeboten

Von männlicher Seite wird stets mit großer Sicherheit behauptet, daß der Begattungstrieb im Allgemeinen bei dem Manne stärker und dringender auftrete, als bei dem Weibe und für ihn daher viel schwerer zu zügeln sei.\*) Es ist müßig, über diesen Punkt zu streiten, da er eine individuelle und nicht generelle Beurtheilung verlangt. Aber fände sich auch durch die Erfahrung obige Behauptung bestätigt, so bliebe die Berechtigung zur zwanglosen Befriedigung dieses Triebes noch immerhin eine andere Frage. Diejenigen, welche sich hinsichtlich derselben auf den Ausspruch der Aerzte berufen, handeln höchst unüberlegt; denn die Aerzte sind eben auch Männer, in dieser Beziehung sogar oft der schlimmsten Art, und eine Krähe hackt der anderen nicht die Augen aus. Zudem herrscht in ihren Grundsätzen wie in ihrer Heilmethode leider keine Uebereinstimmung. Während die Einen — und wohl die meisten behaupten, daß eine maßvolle Be-

---

würde! D. V.] so müssen sie, als das Erträglichste, was man doch annehmen kann, gestehen, daß sie diesen nur darum genommen, weil er der erste war, den sie eben haben konnten, welches denn doch keine große Achtung für ihre Person anzeigt. Aber selbst diesen bedenklichen Umstand abgerechnet, möchte vielleicht zugegeben werden können, daß jener Zweck überhaupt den Entschluß, mit einem Manne zu leben, begründen könne; ob er aber als klar gedachter Zweck zum Ziele führe und die Kinder wirklich nach Begriffen empfangen werden, daran dürfte der Menschenkenner wohl zweifeln."

[Möchten doch alle Menschenkenner erst das Weib selber sagen lassen, was im Weibe ist, ehe sie tiefsinnige (oder unsinnige) Spekulationen über die Frauen anstellen! D. V.]

\*) Indessen treten auch viele Stimmen für das Gegentheil ein. Schon Abraham a Santa Clara hat behauptet, daß die Weiber sich viel begehrlicher zeigten, als die Männer, und dieser Behauptung habe ich des öfteren sowohl von Männern als von Frauen verschiedener Stände beipflichten hören. Sie ist jedenfalls keine ganz haltlose, und es muß wohl einen Grund dafür geben, daß die Volksstimme überall, wo in einer Familie die Kinderzahl zu einer übergroßen anwächst, der betreffenden Mutter dies zum Vorwurf macht.

friedigung der Geschlechtslust jungen Männern zur Kräftigung und Förderung ihrer Gesundheit nützlich sei und denselben die Mittel angeben, wie sie möglichst ohne körperliche Schädigung ihren Lüsten fröhnen können, vermahnen andere*) die männliche Jugend ernstlich zur Enthaltsamkeit, wohl wissend, welche Folgen sittliche Vergehungen physisch und psychisch bis ins späte Alter nach sich ziehen.

Will man geltend machen, daß zu lange oder gänzliche Unterdrückung der Forderungen des Naturtriebes eine leibliche und seelische Erkrankung verursachen könne, so muß dabei das weibliche Geschlecht ebenso wohl in Betracht gezogen werden, als das männliche, was nicht nur jeder Arzt, sondern jeder Mensch von Lebenserfahrung bestätigen kann. Denn obwohl der genannte Trieb bei edlen weiblichen Wesen gewiß öfter als bei männlichen von dem geistigen Elemente, das in der Vorstellung des höheren, geheiligten Zweckes liegt, durchdrungen ist, so geht doch auch manches Frauendasein zu Grunde, weil ihre Natur der erzwungenen Enthaltsamkeit erlag.

Der Mann genießt übrigens ohnehin den großen Vortheil vor dem Weibe, daß es meistentheils von seinem Wollen und seiner Thatkraft abhängt, ob er früher oder später in den Ehestand tritt oder ledig bleibt. Die gegenwärtig herrschende, in bedenklicher Weise zunehmende Abneigung der Männer gegen die Ehe hat außer den materiellen Nothständen noch andere Ursachen, und eine der schwerwiegendsten darunter ist die Toleranz, mit welcher Staat und Gesellschaft ihnen gestatten, außerhalb der Ehe ihren geschlechtlichen Neigungen nachzugehen. Welcher gewaltige Schaden aber gerade der Gesellschaft hieraus erwächst, ist so sehr in die Augen fallend, daß fortwährend von verschiedenen Seiten die

---

*) Hufeland. E. von Feuchtersleben u. A.

heterogensten, mitunter unsinnigsten Vorschläge gemacht werden, um demselben entgegen zu wirken.

Die größte Schuld an diesem Uebelstande tragen die Frauen und zwar die ehrbaren nicht minder als die ehrlosen. Jean Paul bemerkt mit Recht, daß sie die Schwächen des eigenen Geschlechts stets härter richten, als die Rohheiten des anderen.*)

Sogar verheirathete Frauen finden noch Entschuldigungsgründe für den ehebrecherischen Lebenswandel eines Mannes. Eine ältere Dame, die sich öfters bemühte, meine Ansichten mit denen der großen Welt zu versöhnen, sagte mir einst zur Beschönigung der geheim gehaltenen und doch weltkundigen Türkenwirthschaft in unserer Christenheit: das thierische Element herrsche nun einmal in der Constitution der Männer vor, und dasselbe in geschlechtlicher Hinsicht walten zu lassen wäre ihnen ebenso natürlich, wie Essen, Trinken und Schlafen.**) Die Natur hätte es so gewollt, das ergebe sich schon aus den Bevölkerungsziffern, welche bedeutend mehr weibliche als männliche Individuen aufweisen. In der Thierwelt sähe man das gleiche Verhältniß zwischen den Geschlechtern: auf einen Hahn kämen so und so viel Hennen, auf einen Stier so und so viel Kühe u. s. w.!

---

\*) „Weiberfeinde giebt es viele, aber Männerfeindinnen wenige, Männerverächterinnen noch weniger", sagt er anderswo. Je thierischer und frecher der Mann ist, desto mehr imponirt er den Frauen.

\*\*) „Wir haben erfahrungmäßig für sich selbst seiende Wesen, welche für ihr Handeln eine Unterscheidung machen, die der selbstlosen Natur nicht zukommt, und so unpassend es wäre, den Arsenik dafür verantwortlich zu machen, daß er einen Menschen vergiftet, so ungeeignet ist es, die Giftmischerin für so unverantwortlich zu halten wie den Arsenik. Wir unterscheiden unsere Handlungen von den Naturvorgängen um uns und in uns dadurch, daß uns dort die Möglichkeit des Anderskönnens vorliegt, hier aber fehlt."

Moritz Carriere, Die sittliche Weltordnung.

Meine Gegenargumente sind nun folgende: die Statistik weist durchschnittlich keinen Ueberschuß an Geburten weiblicher Kinder auf, sondern im Laufe von Jahrtausenden hat sich bei immer fortgesetzter Verringerung des männlichen Geschlechts durch Kriege, Unfälle im Beruf, Krankheiten in Folge ungeregelter Lebensweise u. s. w. die jetzt vorhandene Minderzahl desselben gebildet. Die Natur hat das nicht so gewollt. Was das Thierreich anbetrifft, so hat der Mensch hier vielfach eigenmächtig in die Naturordnung eingegriffen und das Zahlenverhältniß der Geschlechter zu seinem eigenen Nutzen geregelt. Von dem Wurf der Hunde und Katzen werden z. B. die meisten weiblichen Exemplare getödtet, um ihrer zu starken Vermehrung vorzubeugen; von den jungen Hähnchen wird eine Anzahl zu Kapaunen, von den Stierkälbern die meisten zu Ochsen gemacht. Einige auserwählte schöne und kräftige Exemplare von Stieren, Hengsten, Böcken und andren Hausthieren werden zur Zucht bestimmt, einzig zu diesem Zwecke ernährt und ausgenutzt, welches Verfahren bekanntlich dazu dient, eine gute Race zu erzielen.

Wenn aber Männer sich in diesem Punkte dem Vieh gleichstellen, wenn ein August der Starke, ein Napoleon III. und andere Fürsten und hohe Herren hunderte von Bastarden in die Welt setzen, oder hunderte von unreifen Mädchen schänden, weil ihrer unbeschränkten Willkür und ihrem fürstlichen Vermögen genug ausgesuchte Menschenwaare zu Gebote steht, wenn ein hochgestellter Beamter von den Frauen und Töchtern seiner Untergebenen, ein Theaterintendant von dem ganzen, seinem Machtspruch unterstellten weiblichen Bühnenpersonal, oder ein Gutsherr von sämmtlichen seiner Arbeiterinnen, sei es durch Verführung oder Zwangsmaßregeln, so viele zu seinen Kebsen macht, als ihm gefällt — dann tragen diese Männer nicht zur Verbesserung der Menschenrace bei, sondern sie sind eine Pest=

beule der Menschheit, und die ganze Welt sollte sie bei ihren Lebzeiten brandmarken, anstatt ihnen nur einige Lästerreden ins Grab nachzusenden!

Auf das Factum, daß fleischliche Ausschreitungen dem Weibe seiner körperlichen Beschaffenheit nach bei weitem nicht in demselben Maße möglich sind, wie dem Manne, die Behauptung gründen zu wollen, daß letzterer von Natur zur Polygamie, ersteres zur Monogamie angelegt sei, ist im höchsten Grade ungereimt. Die Culturgeschichte widerlegt dies schon zur Genüge. Aus welchem Grunde halten es wohl die Orientalen für gut, ihre Töchter schon im zwölften Lebensjahre zu verheirathen, als damit sie rein und jungfräulich an den Mann kommen möchten? Und warum sperren die Moslemiten ihre Weiber ein und bewachen sie aufs strengste, wenn der Ehebruch diesen Geschöpfen doch widernatürlich wäre? Wie kommt es ferner, daß ungeachtet der grausamsten Marter und Todesstrafen es doch zu allen Zeiten Ehebrecherinnen gegeben hat, und daß dennoch so viele Frauen der auf sie fallenden Schande und Verachtung Trotz bieten?\*)

In menschlichen Satzungen und Geboten finden sich überall Irrthümer, Fehler und Widersprüche, nicht aber in den Gesetzen der Natur. „Das Naturgesetz ist unwiderruflich; die Körper sollen nicht, sie müssen dem Zuge der Schwere folgen; es kann nicht anders sein. Ein gesetzwidriger Vorgang würde das Gesetz aufheben, oder uns darthun, daß das unzulänglich sei, was wir für ein Gesetz halten; aber eine gesetzwidrige Hand-

---

\*) Die Auffassung der alten Griechen von Eherecht und Ehebruch wich sehr wesentlich ab von derjenigen der meisten anderen Völker und Zeiten. Sie betrachteten Ehe und Kinderzucht allein vom socialistischen Gesichtspunkt, ähnlich wie manche moderne, aus Darwins Schule hervorgegangene Materialisten, welche ebenso dem Weibe die Polyandrie wie dem Manne die Polygamie gestatten wollen.

Plutarch erzählt in seinen „Vergleichenden Lebensbeschrei-

lung hebt das Sittengesetz nicht auf, sondern wird nach demselben gerichtet, für das erklärt, was nicht sein soll."*)

Die Anhänger der gesellschaftlichen Uebereinkunft, welche auf Grundlage verschiedener physischer Anlagen ein Geschlecht zu Gunsten des andern benachtheiligt, gehören zwei einander feindlichen Heerlagern an. Die Einen glauben an eine göttliche Weltregierung, die andern nur an ein blindes Herrschen von Naturgesetzen. Beide Weltanschauungen aber sind mit jener Uebereinkunft nicht in Einklang zu bringen, denn sie führen ihr Prinzip ad absurdum.

---

bungen" von dem spartanischen Gesetzgeber Lykurg: „Bei aller strengen Zucht, welche er in das eheliche Leben brachte, suchte er nichtsdestoweniger die thörichte und weibische Eifersucht daraus zu verbannen, indem er es zwar Allen zur Ehrensache machte, Frechheit und Ueppigkeit von der Ehe zu entfernen, zugleich aber eine Gemeinschaft der Kinder und der Vaterschaft zwischen den Würdigen einführte und die Männer als Thoren verlachte, welche bei diesem Verhältniß durchaus jede Theilnahme ausschließen, ja mit Mord und Blutvergießen verfolgen. Er glaubte nämlich, daß die Kinder nicht besonderes Eigenthum der Väter, sondern Gemeingut des Vaterlandes seien. Darum sollte nicht Jeder nach des Zufalls Willkür, sondern die Besten den künftigen Bürgern das Dasein geben. Sodann fand er auch in den Ehegesetzen der anderen Völker viel Albernes und Verkehrtes, da man bei ihnen die Hündinnen und Stuten nur von den besten Hunden und Hengsten belegen lasse und bei den Besitzern derselben weder Geld noch Bitten spare, um diese Erlaubniß zu erhalten, während man die Frauen in verschlossenen Zimmern bewache und verlange, sie sollen nur von ihren Männern Kinder gebären, wenn diese auch unverständig, alt oder kränklich seien; gerade als wenn diejenigen, welche die Kinder haben und erziehen, nicht zu allererst die Schlechtigkeit derselben empfänden, wenn sie aus schlechtem Blut entsprossen, und hinwiederum zu allererst ihrer Trefflichkeit sich erfreuten, wenn sie edlen Geblütes sind."

Plutarch setzt hinzu: „Diese so naturgemäße und dem öffentlichen Wohle förderliche Sitte war so weit entfernt von der Leichtfertigkeit, deren man die Frauen der späteren Zeit beschuldigt, daß man den Ehebruch für ein unglaubliches Verbrechen hielt."

*) Moritz Carriere, Die sittliche Weltordnung.

Die Natur selbst legt den unzweideutigsten und nachhaltigsten Protest ein gegen die dem sittlichen Bewußtsein Hohn sprechende Geschlechtsmoral, indem sie alle fleischlichen Ausschweifungen an beiden Geschlechtern in völlig gleicher Weise durch schleichende, zerrüttende oder ekelhafte Krankheiten, durch Siechthum und Degeneration der Nachkommenschaft straft! Denn die Heimsuchung der Sünden der Väter an den Kindern bis ins dritte und vierte Glied (5 Mose 5, 9 und 10), diese anscheinend so furchtbare Ungerechtigkeit des Schicksals oder seines Lenkers, sie ist nichts anderes als ein dem Menschenleben in flammender Schrift aufgedrücktes Wahrzeichen, welches bezeugt, daß die Natur mit ihren Gesetzen einem höheren Willen untergeordnet ist, der über menschliche Willkür triumphirt.

Nimmt man aber Gott als den Urheber aller Natureinrichtungen sowie des sittlichen Bewußtseins im Menschen an, so kann man doch nicht wohl glauben, er selbst habe einem Theile seiner zurechnungsfähigen Geschöpfe die Erfüllung eines Gebotes, das er ausdrücklich Allen auferlegt, zur Unmöglichkeit gemacht: denn alsdann müßte er mit sich selbst in Widerspruch treten, wie der schwache, irrende unvollkommene Mensch.

In den Forderungen der christlichen Moral, wie sie den Lehren Jesu entnommen sind, findet sich kein solcher Widerspruch. Es sind an alle Menschen ohne Unterschied die Worte gerichtet: „Das ist der Wille Gottes, eure Heiligung, daß ihr meidet die Hurerei und ein Jeglicher unter euch wisse sein Faß zu behalten in Ehren." (1 Thessalonicher 4, 4 und 5) „So Jemand das ganze Gesetz hält und sündiget an einem Gebot, der ist es ganz schuldig." (Jacobus 2, 8—10). „Denn es ist kein Ansehen der Person vor Gott." (Römer 2, 11) „Hie ist kein Jude noch Grieche, hie ist kein Knecht noch Freier, hie ist kein Mann noch Weib, denn ihr seid allzumal Einer in Christo Jesu." (Galater 3, 28).

Das wahre Christenthum verlangt also die vollkommenste Gerechtigkeit. Es hat den Frauen die ihnen gebührende menschenwürdige Stellung angebahnt und ihnen den Weg zu einer idealen Höhe gewiesen; allein im wirklichen Leben bildet die Stellung der Frauen bisher leider einen grellen Gegensatz dazu. Wie weit im Allgemeinen die Auffassung der Bekenner des Christenthums entfernt ist von dem göttlichen Geiste dieser Religion, zeigt sich am augenfälligsten darin, daß unter beiden Geschlechtern sogar die strengsten Orthodoxen, welche sonst bis zur Verleugnung aller Vernunft am Buchstaben der Bibel klauben, im Punkte der geschlechtlichen Moral sich völlig der Welt gleichstellen, und den Gottesleugnern die Hand reichen! Und zwar stehen sie hinsichtlich der Consequenz und der einfach menschlichen Gerechtigkeit noch hinter den Letzteren zurück. Denn die männlichen Pharisäer behalten sich den heidnischen Lebensgenuß in Gemeinschaft mit den Venusdienerinnen vor und schließen die ehrbaren Frauen davon aus, wie Muhamed die Weiber insgesammt von den Freuden seines Paradieses; hingegen die modernen Sadducäer räumen fast alle dem weiblichen Geschlechte gleiche Freiheit und gleichen Antheil an dem Zerstörungswerk ein, das sie predigen und ins Werk setzen.

Drittes Kapitel.

# Die schädlichen Consequenzen irriger Voraussetzungen.

―

> O Herr! o Herr! wer hett nu Recht?
> Din Satzung kann de Minsch verstahn,
> Doch wat de Minschen dortau dahn,
> Verstah wer kann.
> Fritz Reuter (Kein Hüsung.)

Das Christenthum schließt Alles in sich ein, was schön, gut und wahr ist; es verkündet die vollkommenste erhabenste Sittenlehre. Menschlichem Unverstand aber ist es gelungen, auch diese zu verrenken und zu verkehren; vor Allem durch die irrige Aufstellung verschiedener Tugenden als entscheidende Charaktermerkmale des einen oder anderen Geschlechts. Es giebt im Grunde nur eine Tugend: die den Menschen beherrschende, seine Grundrichtung bildende edle Gesinnung, welche sich in allen seinen Handlungen bethätigt und nur in verschiedenen Eigenschaften zu Tage tritt, sowie das Licht der Sonne einheitlich ist, wenngleich es sich in vielfarbige Strahlen zertheilt.*)

―

*) Mrs. Jameson sagt, sie wundern sich, daß man die Bezeichnung „tugendhaft" immer nur den Frauen beilege, aber

Denker von idealer Richtung haben daher mit Recht eine Unterscheidung zwischen specifisch männlichen und weiblichen Tugenden verworfen.

Montaigne beruft sich auf die alten Weisen Griechenlands, wenn er sagt: „Meine Meinung ist, daß Männer und Frauen das nämliche Gepräge tragen; abgesehen von Institutionen und Bräuchen ist der Unterschied nicht groß." Anthistenes hob jeden Unterschied zwischen ihrer Tugend und der unsrigen auf. Von Swift wird uns mitgetheilt, daß er, trotzdem er sein Leben lang ein entschiedener Weiberfeind und von rauhem schroffen Charakter war, dennoch so viel Wahrheitssinn und Gerechtigkeitsgefühl besaß, um folgende Ueberzeugung auszusprechen: „Ich kenne keine liebenswürdige Eigenschaft an einem Weibe, welche nicht ebenso liebenswürdig an einem Manne wäre. Ich will sogar Bescheidenheit und Sanftmuth hiervon nicht ausnehmen; auch kenne ich kein Laster und keine Thorheit, welche nicht gleich verabscheuenswürdig an beiden wäre.

Wenn indessen gerade die Frauen an der Annahme besonderer weiblicher oder männlicher Tugenden festhalten zu müssen glauben, so kommt es daher, daß sie dem Nachdenken abgeneigt, die Tretmühle nicht verlassen mögen, welche ihre Anschauungen von Jugend auf umkreist haben. Es wird ihnen von der „Keuschheit ihrer Natur", von ihrem „unfehlbaren, sittlichen Instinkt", von ihrer „göttlichen Divinationsgabe" c. c. so viel vorgefaselt, und sie lassen sich durch den Weihrauch solcher sinnlosen Lobhudeleien so gern betäuben und ihr Urtheil

---

niemals den Männern — außer in der Dichtung und auf der Kanzel — da doch in alten Zeiten das Wort Tugend mit Tapferkeit gleichbedeutend gewesen sei (das lateinische virtus kommt her von vir, der Mann) und nicht nur ein passives Gutsein, sondern auch einen activen Widerstand gegen das Böse in sich geschlossen habe.

in Schlaf lullen, daß ihnen die Erkenntniß aller wahren Sittlichkeit abhanden kommt.

Eine geistvolle, welterfahrene Dame hat einmal gesagt: "Lasset uns nicht die Kehrseiten gewisser Tugenden besehen; sie sind häßlicher als manche Laster."

Wir wollen nichtsdestoweniger muthig den häßlichen Anblick wagen und erst einmal zusehen, ob die weibliche Tugend par excellence, die Keuschheit, eine solche Kehrseite aufweist.

Keiner, der nur den geringsten Anspruch auf Menschenkenntniß erheben darf, wird behaupten, daß die Keuschheit als integrirender Theil zum Wesen des Weibes gehöre. Da sie eben den meisten Frauen so wenig wie den meisten Männern angeboren ist, vielmehr ihnen durch das strenge Gebot der Sitte auferlegt wird, so haben sie sich unbewußt daran gewöhnt, dieselbe nicht als eine innere Beschaffenheit, sondern als eine äußerlich angenommene Eigenschaft anzusehen.*) Je weniger nun von einer Tugend dem Sein angehört, desto mehr muß der Schein ausgebildet werden. Jene Lehre, welche von aller Welt unserem Geschlechte fortwährend gepredigt wird, obwohl sie mit dem Begriff der Ethik zusammenstimmt wie Dur mit Moll, die Lehre nämlich: daß dem Manne die alleinige Tugend erläßlich ist, welche dem Weibe nicht zu erlassen ist, ohne welche sogar ihre übrigen Tugenden, mag sie deren noch so viele besitzen, ihren Werth verlieren, — sie hat zur Folge, daß die Frauen sich mit dem Anschein dieser Tugend begnügen, sich einer großartigen Selbsttäuschung hingeben und andere, ebenso wichtige Forderungen der Sittlichkeit, wie z. B. die Wahrhaf=

---

*) "Die Frauen sind nicht immer aus Keuschheit keusch", und: "es giebt wenige tugendhafte Frauen, die nicht ihres Handwerks müde wären", sagt La Rochefoucauld.

tigkeit, auf die leichte Achſel nehmen, oder ihnen aus=
weichen, ohne deshalb ihr Gewiſſen zu beſchweren.*)

Eduard von Hartmann ſtellt in ſeiner, gegen die
Gleichſtellung der Geſchlechter gerichteten Schrift u. A.
den Satz auf, daß, wenn man dem Manne dieſelben
ſittlichen Schranken ziehen wollte, wie dem Weibe, dies
zu einem lächerlichen Rigorismus führen würde,
welcher der Natur Unmögliches zumuthe und
den Rückſchlag in ſein Gegentheil oder in heuch=
leriſchen Phariſäismus unvermeidlich mache."

Wie es ſcheint, iſt es der Beobachtung des gefeierten
Philoſophen völlig entgangen, welche Wirkung dieſe ſitt=
lich=ſociale Beſchränkung auf die Frauen ausübt, und
wie oft dieſelben ſich für die darin enthaltene Ungerech=
tigkeit durch Heuchelei und Phariſäismus ſchadlos halten.
Er hat wohl nicht bedacht, daß der lächerliche Rigoris=
mus unſerer angenommenen Sitte, oder vielmehr Unſitte
von dem Weibe nicht nur die Unterdrückung ihrer un=
reinen, ſondern auch oft ihrer edelſten und natürlichſten
Regungen fordert, und daß das Sprüchwort summum
jus summa injuria (das höchſte Recht iſt das höchſte
Unrecht) auch auf die Uebertreibung jeglicher Tugend
paßt.

Treffender kann die Hohlheit und Verlogenheit unſerer

---

*) „Ein Mann, welcher von ſeinem eigenen Geſchlecht offene,
gerade Wahrhaftigkeit fordert und dabei die feigen Winkelzüge
und kleinlichen Lügenkünſte der Frauen als „weibliche" Eigen=
ſchaften belächelt, — ein Weib, welches von ihrem eigenen Ge=
ſchlecht Zartgefühl und Reinheit verlangt, jedoch Rohheit und
niedrige Sinnlichkeit als „männliche" Charakterzüge am Manne
verzeihlich findet, — ſie haben beide den chriſtlichen Standpunkt
der Moral verworfen, den Chriſtus uns in ſeiner Perſon über=
liefert hat, den Standpunkt, welchen wir als Chriſten — in der
Theorie wenigſtens — angenommen haben, und welcher keinen
Unterſchied macht zwiſchen dem höchſten Ideal der Männlichkeit
und dem höchſten Ideal der Weiblichkeit."

Mrs. Jameson. Ethical fragments.

gesellschaftlichen Zustände nicht mit kurzen Worten gekennzeichnet werden, als in Mrs. Jameson's Ethical fragments: „Die heutige allgemeine Anschauung spricht zu dem Manne: Du magst ein gemeiner, brutaler Lüstling sein und mit den niedrigsten Mitteln nach Erreichung der niedrigsten Zwecke trachten; aber so lange du nicht gegen die Regeln der Convenienz und feinen Lebensart verstößest, sollst Du für untadelig gelten. Zu dem Weibe dagegen spricht sie: Nichts soll Dir mehr verdacht werden, als wenn Du Deinen sanftesten Regungen nachgiebst und Deine Gefühle walten läßt; weißt Du aber vollends dabei nicht zu heucheln, so sollst Du wie die ärgste Verbrecherin gestraft werden."

Auf diese Weise wird eine **falsche Schamhaftigkeit** bei den Frauen und eine nur schlecht verhohlene **Schamlosigkeit** bei den Männer bewirkt. Letztere bildet denn auch die Kehrseite der echt männlichen Tugend der Wahrhaftigkeit. Es wird dem Manne leicht gemacht, aufrichtig zu sein und sich mit offener Stirn der Welt zu zeigen, wie er ist, denn seine Straflosigkeit vor dem Richterstuhl der Gesellschaft und die feige Nachsicht der Frauen ersparen ihm die Pein der Scham über seine sittlichen Fehltritte, die er kaum mehr als solche ansieht. Er hat nicht nöthig, gewisse dunkle Punkte seiner Vergangenheit zu verbergen und zu verleugnen; da sie seine „Ehre" vor der Welt unbefleckt lassen, so kann er sich jederzeit wieder erheben und wäre er noch so tief gesunken. Daraus erklärt sich auch die große Gleichgültigkeit von Seiten sittenrein lebender Männer gegen die ärgsten Verschuldungen ihrer Geschlechtsgenossen.

Die Frau dagegen, die sich der verbotenen Regungen im eigenen Busen schämt, ist unerbittlich streng und unbarmherzig gegen jede Kundgebung derselben bei Ihresgleichen. Hat sie einen Fehltritt begangen, ist sie auch nur ein wenig von der vorgeschriebenen Ordnung abgewichen und nicht ganz correct gewesen, so muß sie sich in hundert Schleier hüllen, muß Anderen eine täuschende Rolle vorspielen, muß lügen, heucheln, laviren und stets auf dem Wachtposten stehen, damit nicht irgend eine indiscrete Hand die Schleier von ihrem Antlitz hebe.

Was auch manche großen Philosophen und Moralisten sagen mögen, es ist nicht wahr, daß dem Weibe der Hang zum Lügen, die Lust an der Unwahrheit und Verstellung in höherem Grade eigen sei, als dem Manne. Der offenherzigen und aufrichtigen Menschen sind überhaupt wenige auf Erden. Deshalb ist es unsinnig zu sagen: Der Mann stünde im Punkte der Wahrhaftigkeit moralisch höher als das Weib, dieses hingegen im Punkte der Herzensreinheit.*)

Die Selbstbeherrschung, heißt es ferner, ist eine Tugend der Männer; die schwachen Frauen sind derselben nur in geringem Grade fähig.

Dies läßt sich vielleicht manche Frau gern sagen, wenn es ihr darauf ankommt, für die rücksichtslose Hingabe an ihre Launen und Stimmungen eine Entschuldigung zu finden. Im Allgemeinen aber wissen die Frauen überall, wo es Noth thut, oder wo es die Klugheit erheischt, eine größere Selbstbeherrschung zu üben, als die Männer. Es bedurfte nicht erst eines Goethe, um ihnen dies Zeugniß auszustellen. Beispiele heldenmüthiger Selbstverleugnung in Fällen, wo die Liebe des Weibes im Spiele ist, gehören nicht hierher, denn Selbstverleugnung beweist man eigentlich nur durch die Ueber-

---

*) Die ganze Erziehung unseres Geschlechts ist dermaßen von erzwungenem, geheucheltem Scheinwesen durchdrungen und damit verwachsen, daß die Männer einen gewissen Grad der Lügenhaftigkeit bei dem Weibe durchaus nicht als etwas Verwerfliches ansehen, sondern im Gegentheil denselben „aus Gründen" billigen und ihm sogar einigen Reiz abgewinnen. So sagt z. B. Lord Byron: „Die Frauen lügen mit so viel Grazie, daß sie nichts besser kleidet, als die Lüge."

windung dessen, was sich der Eigenliebe entgegenstellt. Allerdings kommt dabei der Zwang oft der Tugend zu Hülfe. Man denke an so manche Dame der großen Welt, welche, im Kreise gleichgültiger und übelwollender Menschen lebend, bei den widerwärtigsten, empfindlichsten oder bei herzzerreißend traurigen Erfahrungen stets jede ihrer Mienen und Worte in der Gewalt haben muß; man denke auch an so manche arme Erzieherin, Bonne, Gesellschafterin, Zofe u. s. w., die sich Tag aus Tag ein unerhörte Demüthigungen gefallen lassen muß, ohne sich wehren zu dürfen! Glaubt man etwa, daß von Hause aus ihr Gefühl sich weniger stark gegen den Zwang und die Unbill aufbäumte als das eines männlichen Wesens?

Freilich müssen die Männer gleichfalls im Amt und Beruf, im geselligen Verkehr, wie im öffentlichen Leben viel Selbstüberwindung üben. — Mancher sogar bis zu einem Grade, daß er innerlich daran zu Grunde geht, — allein im Privatleben streifen sie dafür auch gewöhnlich allen Zwang ab. Ein junger Mann, der von heftigem Liebeskummer ergriffen worden ist, weiß oft nichts Besseres zu thun, als etliche Pferde zu Tode zu hetzen und so lange ein unstätes Wander- oder wüstes Taumelleben zu führen, bis der Sturm in seinem Innern der Abspannung gewichen ist. Und solches Gebahren dünkt ihm und Anderen dann noch ein recht mannhaftes zu sein. Aber fast Niemand sieht einen Beweis von Seelenstärke in dem Verhalten eines tödlich gekränkten, bekümmerten Mädchens, welches anscheinend gelassen mit unveränderter Pflichttreue ihr Tagewerk verrichtet und nur die Nächte auf ihrem einsamen Lager durchweint; man hält sie vielleicht gar für unempfindlich und verwundet ihr Herz noch mehr durch gedankenlose Reden.

Es heißt, der Mann sei größer im Handeln, das Weib im Dulden; doch bedenkt man nicht, daß handeln oftmals unendlich leichter ist, als dulden, und daß viele

Frauen gewiß gern zur That schreiten würden, wo sie zur Thatenlosigkeit verurtheilt sind.

Im wahren Sinne des Wortes ist Selbstbeherrschung noch mehr als erzwungene Unterdrückung selbstischen Wollens und Verlangens in vereinzelten Fällen; sie ist eine fortgesetzte That des freien Willens, die das ganze Wesen des Menschen ebenso wie alle seine Handlungen regiert und so zu einem wesentlichen Bestandtheil seines Charakters wird.

„Wer vor dem Kampfe mit sich selbst nicht zittert,
Nur der ist frei, der unerschüttert
Verwirft, was die Vernunft verwarf.
Die Thorheit wähnt sich frei, wenn sie das Unrecht darf.
Das Unrecht dürfen und nicht wollen,
Es fliehn, auch wenn es leuchtend glänzt,
Das ist der hohe Sieg, nach dem wir ringen sollen,
Ob ihn auch keine Hand bekränzt."*)

Wie wenige solcher Charaktere giebt es aber selbst unter den Männern! Man sollte meinen, daß ihre größere leibliche Stärke, wie die höhere geistige Ausbildung, die sie genießen, ihnen die Beherrschung ihrer Leidenschaften leichter machen und um so viel mehr als moralische Forderung auferlegen müsse als den Frauen. Daß dies aber nicht der Fall ist, daß namentlich so vielen unreifen Jünglingen die Ueberwindung ihrer niedrigen, seelenvergiftenden Gelüste erschwert oder ihr Gewissen dagegen abgestumpft wird, liegt vor Allem an der modernen Zeitströmung, welche ganz besonders auf die Vernichtung aller Religion und alles sittlichen Bewußtseins hinarbeitet. Ein trügerischer Optimismus leugnet die Willensfreiheit, entbindet damit den Menschen von jeder persönlichen Schuld und Verantwortung, erspart ihm also auch die Reue über sein schlechtes Thun; er macht Alles, was auf der Welt geschieht, zu einer Reihen=

---
*) Tiedge.

folge von Zufälligkeiten oder Nothwendigkeiten, inmitten derer der Mensch sich immer noch leidlich wohl befinden soll. Ein zersetzender Pessimismus verlacht die Welt als unsinnig und zwecklos, zweifelt am Erfolge aller Bestrebungen zur Veredelung der Menschheit und heckt moralischen und physischen Selbstmord aus. Ein krasser Materialismus endlich predigt Sinnengenuß in möglichst ausgedehntem Maße: „Lasset uns essen und trinken, denn morgen sind wir todt." Kein christlicher Missionär und kein Anhänger des Islam kann eifriger und begeisterter für die Verbreitung seiner Lehre wirken, als die Vertreter dieser drei Richtungen, welche sich gegenseitig in die Hände arbeiten; und mögen Andersdenkende auch hier und da ihre Stimme erheben, Keiner erzielt so große Erfolge, feiert so gewaltige Triumphe! Denn auch die materialistische Lebensweisheit versteht es vorzüglich, die nackte Häßlichkeit ihrer Lehren in das Gewand der Philosophie und der Poesie zu hüllen, und trägt sie der Jugend unter gleißenden Bildern vor, wie z. B. dem von der Blume, welche einem kothigen Grunde entsprießt und dennoch sich herrlich entfaltet u. s. w. Nicht nur entschuldigt wird die Sünde, sondern sogar zu einer nothwendigen Entwickelungsstufe, zu einem segenbringenden Vorgange gestempelt. In einer viel gelesenen Anthologie\*) findet sich u. A. folgender Ausspruch von Streckfuß: „Ohne Verirrungen kann die Natur des Mannes nicht zur Vollendung gedeihen. Wie jener Erdstoff, der die Helle des Spiegelglases für den Augenblick verdunkelt und ihm doch seine Reinheit und Durchsichtigkeit giebt, so läutern Verirrungen den Mann, und dasjenige, was dem leicht verletzbaren Weibe unvertilgbar entstellende Spuren zurücklassen würde, dient der stärkeren männlichen Natur zur Entwickelung ihrer Kräfte und bewahrt sie vor dauernden Gebrechen.(!)

---

\*) Carl Coutelle, Pharus am Meere des Lebens.

Schamloser und empörender kann diese Erzlüge nicht ausgesprochen werden, die nicht nur die Nothwendigkeit und den Segen des Uebels predigt, sondern den Uebelthäter selbst verherrlicht, indem sie ihm ein Verdienst aus seiner Schlechtigkeit macht! Wie unlogisch ist es überhaupt, den Ausdruck „Verirrungen" zu brauchen für etwas, das man als naturnothwendig, berechtigt und förderlich ansieht!

Wenn Verirrungen dem Manne nothwendig zur Läuterung dienen sollen, dann müssen ebenso nothwendig Krankheiten erst den Grund zu seiner Gesundheit legen, ja dann müßte er eigentlich auch nur durch Wahnsinn zur Vernunft gelangen können!

Wohl kann, wenn der Körper schädliche Stoffe in sich aufgenommen hat, eine Krankheit zur Wiederherstellung der Gesundheit dienen; auch ist es möglich, daß der Mensch, und zwar das Weib so gut wie der Mann, von einem Falle zu höherem und besserem Dasein denn zuvor sich erhebt; doch dies wird im Ganzen nur selten geschehen. Die muthwilligen Versündigungen aber, in welche sich der leichtfertige Jüngling und der gewissenlose Mann hineinstürzen, führen gewiß nicht zur Läuterung; ihre Wirkung ist nicht die des spiegelreinigenden Erdstoffes, sondern die des Rostes, der sich tief und unvertilgbar einfrißt.

Denn wem wäre es unbekannt, zu welchen „dauernden Gebrechen" gerade durch jene Verirrungen der Grund gelegt wird? Was bewahrt dagegen den inneren Menschen besser vor dauerndem Schaden als die frühzeitige Gewöhnung zur Ehrfurcht vor der Sitte, zur Führung eines geordneten Lebenswandels?

Ferner, wenn es wahr wäre, daß solche Verirrungen im Jünglingsalter einen Gährungsprozeß bilden, dem die darin Stehenden sich nicht entziehen können, wenn jener andere Weisheitsprediger Recht hätte, der da sagt: „Es verunedelt den Menschen (d. h. den Mann) nicht, daß er zuerst Thier und in das eigennützige Gefühl sinnlicher Lust eingehüllt war; aber das veruuedelt ihn, wenn er immer Thier bleiben und nicht den Reizungen der Vernunft zu edleren Trieben nachgeben will," — so dürfte man doch fragen: wann soll der Zeitpunkt eintreten, wo die Läuterung vor sich geht und er sich vom Thiere zum Menschen emporschwingt? Im reifen Mannesalter, wenn er vielleicht schon einen großen Theil seiner Lebenskräfte vergeudet hat und des Sinnengenusses überdrüssig geworden ist? Die Erfahrung lehrt, daß dieser Ueberdruß bei sehr Vielen gar nicht eintritt, daß sie bis ins höchste Alter hinein, auch wenn der Sinnentrieb bereits erstorben ist, von ihren schmutzigen Neigungen nicht zu lassen vermögen.*) Mir ist ein Beispiel aus einer anständigen und gebildeten Familie bekannt, wo ein greiser Mann sich an seiner blühenden Enkeltochter vergreifen wollte, da er durch Kränklichkeit an das Haus gefesselt war und ihm die anderweitige Gelegenheit zum Sündigen fehlte. Auch hat Bulwer in seinem Roman „Nacht und Morgen" einen ähnlichen Fall vorgebracht.

Das Jünglingsalter ist die Zeit, wo der Charakter gebildet, der Wille gestählt, die Richtung für das ganze Leben eingeschlagen werden soll, also die Gewohnheit der Selbstbeherrschung von höchster Wichtigkeit ist.

Hier kann die Erziehung unberechenbar viel wirken; sie ist überhaupt das einzige Mittel gegen die Macht der Verführung von außen und innen. Vor allem ist es der mütterliche Einfluß, der in einer Zeit, da das Gemüth des Sohnes ihm noch offen steht, eine Macht ausüben kann, die nur in den seltensten Fällen ganz versagen wird. Hier ist ein Hauptgebiet, wo die Frauen ihr Gefühl für das Edle, Wahre und Heilige walten lassen, ihren eigentlichsten Beruf, Erzieherinnen des

---

*) Siehe das Lebensende des Königs Salomo, 1 Könige 11, 1—3.

menschlichen Geschlechts zu sein und durch die Sorge für das Gedeihen der Familie auch dasjenige des Staates mitbegründen zu helfen, erfüllen können und sollen. Ja, ihrem eigenen Geschlecht sind sie schuldig, diesen Einfluß zu üben, so lange es möglich ist. Denn „wer die Frauen ehrt, der ehrt sich selber";*) nimmermehr aber lernt ein Jüngling die Frauen dadurch achten, daß er zuerst die Ehrlosen und Verdorbenen unter ihnen kennen lernt und mit ihnen verkehrt!

Jedoch wie steht es mit der Erfüllung dieses Berufs? Wo ist der gepriesene „sittliche Instinkt der Frauen, der keusche Genius, der die Lebensathmosphäre reinigt und alles Gemeine entfernt, der productiv sittliche Tact, der für die gröberen Organe der Männer überall die moralischen Fühlhörner abgeben muß",**) und wie die schönen Redensarten sonst noch lauten? Thatsache ist, daß es unter dem weiblichen Geschlecht, Frauen und Mütter nicht ausgenommen, zahllose Vertreterinnen der Ansicht giebt, daß Keuschheit und Sittenreinheit das Zeichen unmännlicher Schwäche sei.

Eine äußerst strenggläubige Dame war einstmals sehr entsetzt, als Jemand in ihrer Gegenwart die Annahme der Existenz eines persönlichen Satans verwarf. Nachdem sie aufs Eifrigste diesen ihr hochwichtigen

---

*) „So viel wie Jemand von den Frauen hält,
So frevelnd oder rein ers meint mit Liebe,
So viel auch hält er von der Ehre, oder —
So wenig, und so ist auch er geehrt! (?)
Wer sich nicht achtet, ehrt die Frauen nicht,
Wer nicht die Frauen ehrt, kennt er die Liebe?
Wer nicht die Liebe kennt, kennt er die Ehre?
Wer nicht die Ehre kennt, was hat er noch?
 Leopold Schefer. Laienbrevier.

**) So deklamirt Bogumil Goltz, obwohl ihm die tugendhaften Frauen der Inbegriff aller Langweiligkeit und Trivialität sind.

Punkt verfochten hatte, rief sie zuletzt aus: „Nein, den Teufel lasse ich mir nicht nehmen!"

So wollen auch die tugendreichen und ehrsamen Frauen sich durchaus nicht den Wahn nehmen lassen, daß sie den Engeln näher ständen als die Männer. Zur Folie für ihren Heiligenschein brauchen sie die dunkeln Schattenseiten, welche den unreinen Adamssöhnen anhaften. Darum ist ihnen an der Veredelung der jungen Männerwelt auch nichts gelegen, wenngleich ihrer viele mit Vorliebe und großer Selbstgefälligkeit das Wort aus Goethes Tasso im Munde führen:

„Willst du genau erfahren, was sich ziemet,
So frage nur bei edlen Frauen an."

Sie haben dabei nur Backfische und junge Balltöchter im Sinne, als deren „edle" Vorbilder sie sich fühlen.

Die Sage vom Tannhäuser erzählt, daß dieser Sänger vom Hofe des Landgrafen von Thüringen verbannt und sogar mit dem Tode bedroht ward, als er in feierlicher Versammlung vor den Ohren züchtiger Frauen die Freuden des Venusberges in frechem Uebermuth zu verherrlichen wagte. Doch dies ist eben nur eine Sage. Denn vordem wie seither hat es tausende von Sängern gegeben, welche ungestraft das Gleiche thaten, und heutigen Tages wird aller Orten von Dichtern und Dichterlingen, Philosophen und Ungelehrten, Federhelden und Stümpern, von Schaubühnen, Kathedern und den Dächern der Straßen herab der Fleischesdienst gepriesen und gepredigt, ohne daß die „Hüterinnen der guten Sitte, die Priesterinnen des heiligen Heerdfeuers" einen nachdrücklichen Protest dagegen erheben.

Und nicht das allein, sondern, während sie insgesammt durch ihre Schwäche und blinde Duldsamkeit gegen das andere Geschlecht die allgemeine Sittenverderbniß befördern, bürden sie die alleinige Verantwortung dafür dem eigenen auf!

„Gäbe es nur nicht so viele schlechte Weiber, dann

wären auch die Männer nicht so schlecht", hört man die tugendhaften Frauen, wer weiß wie oft, sagen und man sollte darnach fast meinen, die ganze Erde wimmele von unersättlich lüsternen, schlauen und mächtigen Buhlerinnen wie Circe und Lorelei, Kleopatra und Messalina, wie des Potiphar und des Simson Weib 2c., deren die armen Männer sich gar nicht erwehren könnten! Selbst von einem herabgekommenen, an Leib und Seele bankerotten Wüstling heißt es in der Regel nur: „Die Weiber haben ihn ruinirt." Fragt ihn nur, wie vieler Siege über die Unschuld er sich zu rühmen weiß; denn diese sind es doch, die ihm den größten Reiz gewährten!

Wohl giebt es eine große Zahl tief gesunkener Weiber, welche sich entweder aus zügellosem Triebe oder aus Neigung zum üppigen Leben freiwillig verkaufen. Lasset uns aber nicht vergessen, daß es Giftpflanzen sind, welche dem Boden der ganzen menschlichen Gesellschaft entsprießen, an deren Vorhandensein letztere darum auch ihren Schuldantheil trägt!

Wenn ein unverdorbener junger Mann, sei es aus unbedachtem Leichtsinn, sei es durch die ruchlose Kuppelei Anderer in die Schlingen eines jener unseligen Geschöpfe geräth und seine Reinheit einbüßt, so mag man billigerweise so viele mildernde Umstände wie möglich zu seiner Entschuldigung gelten lassen: mangelhafte Erziehung, Unerfahrenheit, feuriges Temperament, schlimmes Beispiel und Einflüsse aller Art; immerhin aber gereicht es ihm nicht zur Ehre, daß er ein Schwächling war, der sich verführen ließ. Jedoch ihn freisprechen zu wollen, dagegen ein unerfahrenes, unverdorbenes Mädchen in gleichem Falle streng zu richten, ist nicht nur ungerecht, sondern unmenschlich.

Wenn ein Mann mit vorbedachtem, beharrlich ausgeführtem Entschluß einem Mädchen die Unschuld raubt, ohne im Stande oder Willens zu sein, die Folgen auf sich zu nehmen, so **begeht er eine Schandthat**, für die es keine Entschuldigung giebt; und wenn er eines jener verlorenen, ausgestoßenen Wesen zu seiner Lust gebraucht, so betheiligt er sich an dem Seelen= morde, den die ganze Menschheit an demselben begeht!

Trotz alledem wird der Schwächling wie der ge= wissenlose Ehrenräuber und Seelenmörder von dem allgemeinen Sittengericht der Frauen für schuldfrei er= klärt, während die verführte, geschändete und entwürdigte Geschlechtsgenossin erbarmungslos verurtheilt wird, ohne gehörige Unterscheidung, ob sie aus Leidenschaft, ver= zweifelter Noth oder aus gemeiner Berechnung gesün= d.gt hat.

Tannhäuser hätte sich seine Bußfahrt nach Rom ersparen können, denn die guten Frauen würden ihm nach abgelegtem Bußbekenntniß wohl alle groß= müthig Ablaß ertheilt haben. Ob aber eine Einzige unter ihnen nur ein beherztes Wort gesprochen haben würde, um eine am Schandpfahl oder vor der Kirchen= thür stehende gefallene Schwester gegen die Schmähungen der rohen Menge zu schützen, oder die Hand ausgestreckt hätte, um eine wegen Unzucht zum Wassertode verur= theilte Dirne aus Henkers Hand zu erretten, ist mehr als fraglich.

Nicht viel anders ist es heutigen Tages. Die Ge= bräuche und Gesetze haben sich geändert, aber nicht die Gesinnung. Zwar ist Humanität das Losungswort des neunzehnten Jahrhunderts und auch die Frauen unterlassen nicht, ihren Beruf zur Mitarbeiterschaft für die Zwecke und Ziele derselben recht laut zu betonen. Aber wie wenig sind sie wirklich von echt humanem Geiste erfüllt! Sie sehen nicht ein, daß die theilweise Duldung eines Lasters, welches die ganze Menschheit bis in den innersten Kern hinein schädigt, mit der all= gemeinen Menschenliebe unmöglich zu vereinigen ist, und fühlen nicht, daß sie einen himmelschreienden Verstoß gegen alle Humanität (welche Gerechtigkeit und Mitleid in sich schließt) begehen, wenn sie darein willigen, daß ein großer Bruchtheil des weiblichen Geschlechts, das doch naturgemäß auf den Schutz des männlichen angewiesen ist, den angemaßten Vorrechten, das heißt den schlechtesten Leidenschaften desselben geopfert werden darf!\*)

Den Grund- und Eckstein aller Humanität bildet wiederum das Christenthum, durch welches das uralte mosaische Gebot: „Du sollst deinen Nächsten lieben, wie dich selbst", zur höchsten Vollendung gebracht worden ist.\*\*) Wie in der gleichfalls uralten Lehre der Indier der Glaube an die Einheit aller lebenden Wesen eine Quelle weit umfassenden Mitgefühls wurde, so bezweckt die Lehre und das Beispiel Jesu Christi in uns das Gefühl der Zusammengehörigkeit als Glieder eines Leibes lebendig werden zu lassen. „So aber ein Glied leidet, so leiden alle Glieder mit, und so ein Glied wird herrlich gehalten, so freuen sich alle Glieder mit."\*\*\*)

Warum nur fühlen sich die Frauen nicht als Glieder Eines Leibes? Warum empört sich ihr Herz und ihre Vernunft nicht wider die Schmach ihres ganzen Geschlechts?

Denn was will es besagen und bedeuten, daß ein=

---

\*) Ist das Geschick des Schlachtviehes und der Jagdbeute, welche einem berechtigten Bedarf aller Menschen geopfert werden, nicht tausendmal besser, als dasjenige der ruchlos hingeopferten Prostituirten?

\*\*) 3 Mose 19, 18. Matth. 22, 37—40. Röm. 13, 8—10.

\*\*\*) 1 Korinth. 12, 26.

„Liebe ist das Gefühl seliger Lebensvollendung; Lieblosigkeit wird darum als Unseligkeit empfunden, und wer sich vom Ganzen lösen und andere Glieder schädigen will, ¦um für sich allein zu gelten, der wird unmittelbar im Gefühl des Unbehagens, der Friedlosigkeit inne, daß er nicht das Rechte thut; denn was er Anderen thut, das thut er sich selbst, da er eines Wesens mit ihnen ist."
　　　　　　　　　　　　　　　　Moritz Carriere.

zelne edle Frauen ihre Kräfte, ihre Zeit und ihre Mittel opfern, um dem heillosen, unabsehbaren Uebel hier und dort zu steuern, und daß auch zahlreiche Frauenvereine sich bemühen, die Folgen desselben zu mildern, wenn nicht dem faulen Baume die Axt an die Wurzel gelegt wird, wenn nicht Alle für Eine zusammenstehen?

Es ist gar nicht möglich, Moral und Ethik augenfälliger auf den Kopf zu stellen, aber auch der Logik ärger ins Gesicht zu schlagen, als durch die Lehre: daß ein Laster oder ein einzelner Fehltritt besonderer Art einen Theil der Menschheit schände, den anderen aber nicht verunehre, da dieses einzige Laster oder dieser einzelne Fehltritt nur gemeinsam von Individuen beider Theile ausgeübt werden kann, in Folge dessen beide gleich strafbar oder gleich straflos sein müßten.

Demzufolge ist es ebenso inconsequent als unlogisch den Stand der Prostituirten zu verachten, so lange man die Prostitution für ein nothwendiges Uebel hält; die richtige Consequenz ihrer Duldung müßte sogar eine Rückkehr zu der Auffassung und den Sittenzuständen ergeben, wie sie uns aus dem Anfange des sechszehnten Jahrhunderts berichtet werden,\*) wo es heißt:

„Da und dort ging die Toleranz gegen die „gelüstigen Fräulein so weit, daß man ihnen um ihrer Aufopferung für das gemeine Beste willen das Stadtbürgerrecht schenkte, oder falls eine unter ihnen zur Heirath gelangte, ihr eine Aussteuer bewilligte."

Die Mormonen versuchen freilich den Teufel durch Beelzebub auszutreiben, indem sie, um die Prostitution zu vernichten, die Vielweiberei wieder einführen. Jedoch wenn der Satz aufrecht erhalten werden soll, daß die

---

\*) Johannes Scherr, Geschichte der deutschen Frauenwelt.

Forderung der Mäßigung und Sittenreinheit für den Mann eine zu hohe ist, weil seine Naturbeschaffenheit es ihm unmöglich macht, sich innerhalb fester sittlicher Schranken zu halten, dann wäre in der That die Abschaffung der Polygamie in den christlichen Staaten als ein Rückschritt von ungeheuer schweren Folgen für das ganze soziale Leben zu betrachten, und es läge im Interesse aller Frauen, auf ihre Wiedereinführung hinzuwirken. Denn der Muselmann übernimmt doch wenigstens die Verpflichtung, für seine Weiber zu sorgen, und ob sie auch unter einander in verschiedener Rangordnung stehen, so nehmen doch alle den betreffenden Landesgesetzen gemäß eine berechtigte und gesicherte Stellung ein.

Soll die Frau in der Christenheit volle Menschenrechte genießen, soll sie nicht, wie bei Jenen, nur ein nothwendiger Ergänzungstheil des Mannes sein, der ihm entweder zum Zwecke der Erzeugung von Nachkommenschaft oder nur als Lustwerkzeug dient, so fordere sie Achtung ihrer Würde und ihrer Rechte, und die Gesellschaft wird sie ihr gewähren müssen. Doch einstimmig muß die Forderung geschehen, wenn das Streben und Ringen Einzelner nicht erfolglos scheitern soll.

So weit die Ungerechtigkeit im Großen und Ganzen, die Feindschaft Aller gegen Alle in der Frauenwelt. Ich gehe nun zu den Kämpfen, Ausfällen, Angriffen und Plänkeleien über, welche sowohl besondere Klassen als auch Individuen des weiblichen Geschlechts gegen einander unablässig ins Werk setzen. Daß ich hierbei scharfe Worte reden und schwere Beschuldigungen erheben muß, ist nicht zu vermeiden und trifft selbstverständlich diejenigen meiner Mitschwestern nicht, welche die rühmlichen Ausnahmen von der Regel bilden.

## Viertes Capitel.
# Selbsttäuschung und Pharisäerthum.

Erkenne dich selbst!<br>Sokrates.

Mit der Blindheit gegen die Schäden des allgemein giltigen Sittencodex verbindet sich bei den Frauen ein auffallender Mangel an Selbsterkenntniß. Sie legen vor Allem Gewicht auf ihre Ehrbarkeit. Was verstehen sie indessen darunter? Weiter nichts, als daß sie der landläufigen Moral auf das Oberflächlichste genügen, indem sie sich weder im ledigen noch im ehelichen Stande dem anderen Geschlecht gegenüber irgend etwas zu schulden kommen lassen, was ihnen den Tadel der Welt zuziehen könnte. Das, was eigentlich den Begriff der Sittlichkeit ausmacht, wird ihnen nur selten klar, sie ziehen gewöhnlich nur diesen einen Punkt in Betracht.

Wie so mancher „unbescholtene" Mann, so steht vor dem Urtheil der Welt auch so manches Weib als unbescholten in Achtung und Ehre, trotzdem sie von Herzensgrund aus verdorben ist, — wenn sie nur die Tünche der Ehrbarkeit zu erhalten weiß. Daraus entwickelt sich dann ein Pharisäerthum, wie es Zug für Zug auf das bekannte biblische Gleichniß paßt.

Eine gefallsüchtige Dame mag z. B. auf versteckte

Weise mit der unschuldigsten Miene ihre Künste treiben; aber sie ist „ehrbar" und spöttelt über die Dienstmagd, welche Sonntags auf offener Straße mit ihrem Schatz spazieren geht. Sie mag an einem aufrichtigen Männerherzen Verrath geübt haben und vor dem Traualtar das falsche Gelöbniß der Treue ablegen; aber sie ist „ehrbar" und blickt mit Verachtung auf eine Andere nieder, welche ohne den Ehrenschmuck des Myrthenkranzes an derselben Stätte erscheinen muß. Sie mag als Familienmutter ihr Hauswesen vernachlässigen, ihre Kinder verkommen lassen, ihre Dienstboten mißhandeln und ihrem Gatten das Heim zur Hölle machen, aber sie ist und bleibt eine „ehrbare" Frau und dünkt sich noch weit erhaben über eine Andere, welche als Bühnenkünstlerin auch im Ehestande ihrem erwählten Beruf obliegt und dabei ihre Mutterpflichten vielleicht besser erfüllt, als Erstere

Viele, sehr viele Frauen und Mädchen treiben unter dem Schleier der Ehrbarkeit einen förmlichen Cultus der Unsittlichkeit, indem sie ihrer lüsternen Phantasie den Zügel schießen lassen und in allerlei unsauberen Vorstellungen schwelgen, wozu ihnen Lectüre und Theater den ausgiebigsten Stoff bieten. Sie drängen sich eifrig unter die Zuhörerschaft solcher Gerichtsverhandlungen, in denen standalöse Dinge zum Austrag kommen; sie halten mit Vorliebe Zeitungsblätter, in denen der gemeinste Stadtklatsch gepflegt wird, sie entblöden sich nicht Dienstboten und Aufwärterinnen über die intimsten Familienverhältnisse Anderer auszufragen, und wo sie nur irgend eine schmutzige Pfütze oder einen faulen Sumpf aufrühren können, da thun sie es mit Schadenfreude und Behagen.*)

---

*) Ein scharfzüngiger Franzose hat irgendwo die Aeußerung gethan: „Fromme Frauen sind erst recht neugierig von Natur. Das Vergnügen, die Sünden Anderer zu wissen, entschädigt sie für die Sünden, die sie nicht begehen dürfen.

Man hat mir von Damen aus den vornehmsten und feinsten Kreisen erzählt, welche sich mit dem Austausch unanständiger Verse zu amüsiren und durch zweideutige Scherze zu überraschen lieben, welche sich von ihren Brüdern, Vettern, Schwägern oder den eigenen Männern mit Vergnügen pikante Geschichten aus der Herrenwelt ihrer Umgebung erzählen lassen, welche sogar nicht davor zurückscheuten, in Begleitung solcher würdiger Beschützer von einer Prosceniumsloge aus maskirt dem Tanzfest einer höchst gemischten Theatergesellschaft zuzusehen, um sich an dem Gebahren einiger berüchtigter Halbweltdamen zu ergötzen, und welche vielleicht gern an noch schlimmeren Orten ihre Neugierde befriedigt haben würden, wenn es ihnen irgend möglich gewesen wäre! Doch genug der widerwärtigen Beispiele.

Der pharisäische Geist steckt indessen so tief im Menschen, daß auch die besten und reinsten unter den Frauen, wenn sie aufrichtig sein wollen, sich nicht gänzlich von dem Vorwurf gelegentlichen Splitterrichtens werden freisprechen können. Es ist keine Uebertreibung, wenn Shakespeare den Hamlet sagen läßt: „Behandelt jeden Menschen nach seinem Verdienst, und wer wird der Peitsche entgehen?" Wir vergessen nur zu leicht, wie mächtig der Einfluß äußerer Lebensumstände mit ihren Zufälligkeiten auf jeden Menschen wirkt, und daß wir selber unter anderen Umständen vielleicht manches thun würden, was wir jetzt tadeln, verspotten oder unbegreiflich finden.

Dies geht bis in die kleinsten Einzelheiten. So äußert sich z. B. eine Dame von hagerer und unschöner Gestalt mit scharfen Worten über eine andere, die in der Gesellschaft ihre schönen Körperformen allzu frei sehen läßt. Könnte sie darauf schwören, daß sie an Stelle Jener keinesfalls versucht werden würde, ihrer Eitelkeit auf Kosten des weiblichen Zartgefühls nachzugeben? Oder umgekehrt; sie erfreut sich vielleicht einer blühenden Gesichtsfarbe und eines vollen Haarwuchses. Ist sie nun etwa berechtigt, über die alternde Genossin zu spotten, welche ihre unschöne gelbliche Haut unter Schminke und Puder zu verbergen sucht, oder sich nothgedrungen falscher Zöpfe bedient? Wer weiß, ob sie im gleichen Falle Selbstüberwindung genug besitzen würde, um es nicht ebenso zu machen!

Uebrigens ist das Streben des Weibes nach Verschönerung der äußeren Erscheinung bis zu einem gewissen Grade nicht nur zulässig, sondern löblich, insoweit als weder Geschmack noch gute Sitte dadurch verletzt werden.

Eine besondere Form des Pharisäismus, von welcher selbst Frauen von edler Gesinnung sich schwer ganz frei erhalten können, ist der Kastengeist, der bestimmten weiblichen Berufsklassen mit Vorurtheil und Widerwillen begegnet und dieselben nicht zu den anständigen und ehrbaren zählen mag, weil die meisten ihrer Vertreterinnen leider nicht auf diese Bezeichnung Anspruch machen können. Hierzu gehören die Fabrikarbeiterinnen, Kellnerinnen, Choristinnen, Chansonette=Sängerinnen, Schauspielerinnen niedrigen Ranges, Ballet= und Seiltänzerinnen, Kunstreiterinnen, herumziehende weibliche Musikanten, Blumenmädchen und weibliche Modelle. Sie sind die Pariahs unter der Frauenwelt, denen der angeborene Leichtsinn, sowie zeitweiliges gutes Auskommen und damit die Befriedigung ihrer Genußsucht über das tiefe Elend ihres Lebens forthilft. Wenn jemals, so erweist sich Angesichts dieser Wesen glänzend die Hinfälligkeit des oft gehörten Satzes: daß die Männer vorzugsweise zur Gerechtigkeit, die Frauen besonders zum Mitleid neigen. Die Männer verlangen keine Moralität von Frauen dieser Art; zwar suchen und bevorzugen viele, ja Manche lieben sogar leidenschaftlich den Umgang mit denselben, weil er ihnen bequemer ist, als derjenige mit gesitteten Frauen, und ihren niedrigsten

Bedürfnissen entgegenkommt; aber sie verachten sie, trotzdem ihnen die eigene Schlechtigkeit kein Recht dazu giebt. Und was thun die achtbaren Frauen? Sie falten die Hände und sprechen: „Ich danke dir, Gott, daß ich nicht bin wie diese Weiber"; sie hüten sich nicht nur möglichst vor jeder näheren Berührung mit den genannten Klassen sondern sie schließen dieselben auch gänzlich von ihrem Mitleid und ihrer Berücksichtigung aus, überlassen sie dem alleinigen Verkehr mit Männern und geben sie auf diese Weise ihrem Schicksale preis. Sie Alle verschulden es mit, wenn tausende dieser Geschöpfe dem weiblichen Geschlecht keine Ehre machen und am äußeren wie am inneren Leben Schiffbruch leiden.

Denn so lange die sich immer steigernde Entwickelung unserer Großstädte unter anderem Unsegen auch den mit sich bringt, daß Weinstuben und Cafés der Herrenwelt auch in den spätesten Nachtstunden geöffnet sind, wobei diese Lokale durch „Damenbedienung" ihre größte Anziehungskraft ausüben, — so lange Schaustellungen, Gesangsvorträge und Possen gemeiner und zweideutiger Art nicht nur auf Jahrmärkten, Volksfesten, Vorstadtbühnen und in niedrigen Spelunken, sondern auch in Theatern und Salons, die von sogenanntem anständigen Publikum besucht werden, sich des besten Zuspruchs erfreuen — in Summa: so lange die Einnahmen einer Kellnerin, einer Soubrette oder eines Modellmädchens zehnfach und fünfzigfach höher sind, als die einer Lehrerin, Porzellanmalerin oder Schneiderin, darf Niemand, auch nicht die tugendhafteste Frau, es einem mittellosen, in niedriger Sphäre aufgewachsenen Mädchen zum Verbrechen machen, wenn dieselbe einen leichteren, ihren Neigungen entsprechenderen Gelderwerb dem Hungertuche vorzieht, an welchem sie bei einer „ehrlichen" Hantirung nagen müßte!

Man erinnere sich des erschütternden „Liedes vom

Hemde"\*), das einst in England so großes Aufsehen machte, nun aber längst verklungen und vom Geräusch des Weltgetriebes übertäubt ist; man achte auf die häufig genug veröffentlichten ärztlichen und statistischen Berichte von den Hirnkrankheiten überstudirter Lehrerinnen, den Unterleibsleiden angestrengter und bis aufs Aeußerste ausgenutzter Maschinennäherinnen, den Augenentzündungen und Erblindungen armer Mäntelarbeiterinnen u. s. w., welche alle kaum das nothdürftigste tägliche Brod zu verdienen im Stande sind, und ziehe damit den Vergleich.

Anstatt aber dem namenlosen Jammer abzuhelfen oder möglichst vorzubeugen, geschieht nach wie vor das Gegentheil Seitens vieler Frauen und Fräulein, welche, obwohl sie ihr sicheres, oft sogar reichliches Auskommen haben, dennoch in gedankenloser Selbstsucht den kümmerlich gestellten Handarbeiterinnen die Concurrenz machen, um sich ein kleines Nadelgeld zu verschaffen. Und Diejenigen, welche um wohlthätiger Zwecke willen nach solchen Nebeneinnahmen trachten und sich noch etwas Besonderes darauf zugute thun, sie sollten doch bedenken, daß die größte Noth den ersten Anspruch auf Abhilfe hat. Der wunderliche Heilige Crispinus stahl nur den reichen Leuten das Leder, um für die Armen Schuhe daraus zu machen; sie aber schlachten dem armen Manne sein einziges Schäfchen, um ihre eigene Heerde zu schonen.

Uebrigens ist es ebenso irrig wie ungerecht, blindlings zu glauben, daß alle jene Mädchen, welche eine bedenkliche, ihre Sittlichkeit gefährdende Erwerbsthätigkeit wählen, unzweifelhaft daran zu Grunde gehen müßten. Um eines Besseren belehrt zu werden, braucht man nicht etwa an die idealisirten Märtyrerinnen und

---

\*) The song of the shirt by Tom-Hood, enthalten in Freiligraths Sammlung: Rose, thistle and shamrock.

Opfer männlicher Niederträchtigkeit zu denken, wie sie in Hackländers berühmtem Roman „Europäisches Sklavenleben" oder ähnlichen Schriftwerken geschildert werden, sondern man wird, wenn man nicht in vornehmer Abgeschlossenheit den Blick vom Schauplatz des wirklichen Lebens abwendet, manche ergreifende und beschämende Erfahrung machen. Ich selbst lernte einst am fremden Ort eine aus meiner Vaterstadt gebürtige ehemalige Ballettänzerin kennen, welche sowohl vor als nach ihrer Heirath einen ganz tadellosen Ruf genoß; ich hatte Gelegenheit, jahrelang den Lebensgang einer Choristin zu beobachten, welche unter unerhört schweren Schicksalsschlägen und Anfechtungen sich die Reinheit des Gewissens erhielt und gerade darum die schmählichsten Verläumdungen ertragen mußte. Und so ist es mir auch nicht unwahrscheinlich, daß Paul Heyse das Vorbild zu der rührenden Gestalt des Modellmädchens in einem seiner Romane\*) in der Wirklichkeit begegnet und lebenswahre Züge gezeichnet hat, denn ich bin überzeugt, daß derartige Erscheinungen sogar in dieser verfehmten Klasse vorkommen können, wenn auch nur „wie ein seltener Vogel auf Erden, dem schwarzen Schwane vergleichbar." Ja so manches mißachtete weibliche Wesen entwickelt in der Stille ein Heldenthum, dessen unter tausend Männern nicht Einer in gleicher Lage fähig sein würde!

\* \* \*

Wir kommen nun zu den Kundgebungen weiblicher Ungerechtigkeit im Urtheil, wo sich dasselbe auf die verschiedenen Wandlungen und Zustände im Frauendasein: Jungfrauschaft, Liebesleben und Ehestand erstreckt.

---

\*) Im Paradies.

## Fünftes Capitel.

# Schein und Sein.

---

<blockquote>Heuchelei ist eine Huldigung, welche das Laster der Tugend darbringt.<br>
Hermann Opitz.</blockquote>

In Bezug auf „Jungfräulichkeit" herrscht fast die nämliche unklare Auffassung vor, wie in Bezug auf Sittlichkeit. Gewöhnlich begreift man unter Jungfräulichkeit nur die äußere Unberührtheit, meint, wo es auswendig rein sei, da müsse es inwendig auch rein sein, und übersieht, daß die eigentlichen Attribute der Jungfräulichkeit: schamhaftes und züchtiges Wesen, nur aus einem reinen Herzensgrunde hervorgehen können. Unzähligen Müttern und Erzieherinnen kommt es lediglich auf den fleckenlosen Ruf ihrer Töchter und Pflegebefohlenen an, und um diesen zu erhalten, genügt die sorgfältige Beobachtung gesellschaftlicher Anstands- und Sittlichkeitsregeln. So legen also die jungen Mädchen bei ihrem Eintritt in das mannbare Alter diese äußere Hülle der Jungfräulichkeit etwa wie ein Confirmationskleid an und bewahren sie, wie ihren Confirmationsschein, nur weil dies von ihnen als unentbehrliche Mitgift gefordert wird.

Viele andere Mütter hingegen, welche auf die

Herzensreinheit und das unbefleckte Phantasieleben ihrer Töchter Werth legen, suchen diesen kostbaren Schatz durch ein negatives Verfahren zu behüten, indem sie die heranwachsenden Mädchen geflissentlich in tiefster Unwissenheit über alle geschlechtlichen Beziehungen erhalten. Dies ist jedoch eine grundverkehrte Maßregel, die noch dazu in neunzig Fällen unter hunderten fehlschlägt. Denn jedem Kinde von zehn Jahren und darüber werden sich, falls es keine geistige Schlafmütze ist, Gedanken und Fragen über die Entstehung alles Lebenden aufdrängen; es wird nach Befriedigung seiner Neugierde verlangen, und ihm diese in angemessener Weise zu gewähren, ist alsdann eine ernste Pflicht seiner berufenen Erzieher, die aller Erfahrung zum Trotz nur zu oft verkannt und versäumt wird. Jemehr der Gegenstand seines Forschens mit geheimnißvollem Dunkel umhüllt wird, desto sicherer sucht das Kind die Aufklärung auf Wegen zu erlangen, welche ihm sehr unheilvoll werden können. Die auf dem Lande lebenden Kinder sind in dieser Hinsicht den bedentlichsten Klippen weniger ausgesetzt wie die städtische Jugend; was sie nicht unmittelbar durch die Beobachtung der Thiere gewahr werden, das vervollständigt die meistens harmlos unbefangene Art, mit welcher die untere Klasse der Landbewohner alle natürlichen Verhältnisse des Lebens zu besprechen pflegen.

Den Stadtkindern dagegen werden dergleichen Kenntnisse gewöhnlich durch Schulgenossen übermittelt, wenn nicht durch gewissenlose erwachsene Personen. Welche noch so ängstlich besorgte Mutter wird ihre Kinder durchaus und überall davor schützen können, daß sie nicht bei irgend einer Gelegenheit unverblümt anstößige Reden von Dienstboten zu hören bekommen oder auch verblümte aus dem Munde von Damen, welche beim Salongespräch mit ihren Gästen keine Rücksicht auf die Gegenwart der Kinder zu nehmen belieben, weil nach ihrem

Dafürhalten diese ja doch nichts davon verstehen! Oder daß der Zufall ihnen irgend ein Blatt aus einem medizinischen Buche, einem Conversationslexikon, ein Stück Zeitungsmakulatur schmutzigen Inhalts und dergl. in die Hände spielt, woraus sie vorzeitige Aufklärung gewinnen.

Bei dieser Gelegenheit möchte ich auch noch eines, viel zu wenig oder kaum beachteten Umstandes gedenken. Alle Weisheit der Pädagogen hat bis jetzt nicht den schreienden Mißgriff beseitigt, daß man Schulkindern das selbständige Lesen der Bibel gestattet! Will man sich etwa damit beruhigen, daß die Beschreibung der Sündengreuel in vielen Büchern des alten, sowie in manchen Kapiteln des neuen Testaments dem kindlichen Verständniß zu fern lägen, um schadenbringend zu wirken, nun, so möge man die Kinder auch getrost Eugene Sues Geheimnisse von Paris oder eine Sittengeschichte Roms lesen lassen!

Ebenso beharrt man auch im Religionsunterricht unbegreiflicherweise noch immer dabei, dem unreifen Kindesverstande die schwierigsten und dunkelsten Katechismuslehren aufzudrängen. Was in aller Welt soll ein Kind sich zum Beispiel bei dem Dogma von der Empfängniß vom heiligen Geist und der „jungfräulichen Mutterschaft Mariä" denken?

Mit dem Glauben an die Unschuld, d. h. die Unwissenheit ihrer Kinder geben sich also die meisten Mütter nicht nur einer Täuschung hin, sondern sie bleiben selbst am längsten in dieser Täuschung befangen, da die heranwachsenden jugendlichen Wesen, wenn sie die völlig kindliche Unbefangenheit eingebüßt haben, ersteren gegenüber gewöhnlich eine scheue Zurückhaltung beobachten und statt dessen Altersgefährten zu ihren Vertrauten machen.

Die Beschaffenheit des weiblichen Organismus und die Beziehungen der Geschlechter zu einander sind mit der Lebensaufgabe des Weibes zu eng verknüpft, als daß eine rechtzeitige und in geeigneter Weise bewirkte Aufklärung über dieselben für heranwachsende Mädchen nicht von allerhöchster Wichtigkeit wäre, denn die völlige Dunkelheit darüber bringt ernstliche Gefahren, sowohl für das leibliche wie für das sittliche Wohl mit sich. Wenn ein durch alle Lande gehendes Sprüchwort sagt: „Eine Jungfrau ist schwerer zu hüten, als ein Sack voll Fliegen" so sind damit keineswegs nur leichtfertige, schlimm beanlagte Mädchen gemeint. Eine unbewußte und unbewährte Tugend ist gar keine Tugend und von Moral kann nur die Rede sein, wo volle Erkenntniß ihrer Bedeutung und freie Selbstbestimmung vorhanden sind.\*) Unwissenheit aber hat Urtheilslosigkeit im Gefolge und ist machtlos allen offenen und heimlichen Angriffen preisgegeben, an denen es menschliche Bosheit niemals fehlen läßt. Die wohlbehütete und beschirmte vornehme Jungfrau ist, wenn ihr der innere Halt fehlt, nicht besser daran und steht sittlich um kein Haar breit höher da, als das schutzlose Mädchen aus dem Volke, welche, in's feindliche Leben hinausgedrängt, mit mehr als männlichem Muth um ihr Dasein kämpfen muß. Die Versuchung naht der Einen in feiner, der Anderen in grober Gestalt. Das beste Schutzmittel, um sich unbefleckt zu erhalten, besitzt nicht die Jungfrau, welche geleitet werden muß, sondern diejenige, welche fest auf eigenen Füßen steht. Darum sagt ein besseres Sprüchwort als jenes; „Das Weib, das bewacht werden muß, ist des Wächters nicht werth."

Im seltsamsten inneren Widerspruch mit der Unwissenheit in genannten Dingen stehen die Anstands-

---

\*) „Nur was aus freiem Entschluß hervorgeht, ist moralisch. Moralität entwickelt sich aus dem Menschen selbst und läßt sich nicht durch Zwang oder künstliche Anstalten hervorbringen."

Joh. Gottl. Fichte.

und Schicklichkeitsregeln, die man jungen Mädchen, oder richtiger gesagt, jungen Damen aufzwängt mit der Forderung, sie in blindem Gehorsam zu befolgen. Setzen wir den Fall, daß es einer Mutter geglückt ist, ihre Töchter in kindischer Einfalt zu erhalten, so daß ihre Dreizehnjährige noch mit Puppen spielt und ihre Sechszehnjährige zuweilen durch verfängliche Bemerkungen Andere in Verlegenheit bringt — dann müßte diese Mutter doch consequenter Weise der „lieblichen Harmlosigkeit" ihrer jungen Mädchen nach allen Seiten hin freies Spiel gewähren. Aber mit nichten! Es wird dem erwachsenen Töchterchen mit großer Wichtigkeit gesagt: sie dürfe Anstands halber nicht in Begleitung ihres Bruders eine Gemäldeausstellung oder eine Sammlung von Bildhauerwerken besuchen; es sei unschicklich für sie, einem jungen Manne die Hand zum Gruße zu reichen, und ganz unstatthaft, ein paar Minuten mit ihm allein zu weilen ꝛc. ꝛc.\*) Was wird sich nun ein kindliches Wesen unter solchen räthselhaften Fährlichkeiten vorstellen, wenn es überhaupt denkt? Muß seine gesunde Vernunft nicht auf diese Art verwirrt werden?

Ich erinnere mich einer an sich durchaus nicht befangenen jungen Dame, welcher von ihrer Frau Mama so oft eingeschärft worden war: ein Mädchen ihres Alters müsse verlegen sein, daß sie bei der eifrigen Bemühung, diese nothwendige Eigenschaft wenigstens äußerlich aufzuweisen, in unausstehliche Ziererei verfiel.

So kommen auch in Bezug auf die Schamhaftigkeit, welche eine wohlerzogene Jungfrau zur Schau tragen soll, die verkehrtesten Grundsätze zur Anwendung. Oft wird sie da, wo sie bereits in der Beanlagung liegt, bis zur Ausartung gesteigert, noch viel öfter aber ihr Mangel durch Heuchelei verdeckt. Die allgemeine Ver-

---

\*) Ich zeichne hier nach lebenden Vorbildern und könnte noch manches Beispiel hinzufügen.

bildung unserer Zeit trägt allerdings wesentlich zu diesen
Uebelständen bei.

Es giebt in beiden Geschlechtern Naturen von
außerordentlichem Zartgefühl und obschon die so Ge=
arteten durch die Berührung mit den Widerwärtig=
keiten des Lebens ungleich härtere Leiden und Kämpfe
zu bestehen haben, als Naturen von gröberem Schlage,
so ist doch angeborenes Zartgefühl eine sehr werthvolle
Mitgabe, selbst für den Mann, weil sie in ihm den
Idealismus aufrecht erhält.

Indessen auch bei dem Weibe hat die mit diesem
Gefühl verbundene echte Schamhaftigkeit ihre Grenzen
und kann, wenn allzusehr bestärkt, für die Betreffende
nicht nur eine Qual, sondern auch ein Unglück werden.
So wird in Folge verkehrter Erziehung bei keuschen
Jungfrauen die an und für sich löbliche Zurückhaltung
gegen das andere Geschlecht zuweilen bis zu einem
Grade getrieben, der den Schein der Herzenskälte an=
nimmt, und Beispiele, wo ein Mädchen ihren sehr an=
nehmbaren, sogar im Stillen geliebten Bewerber durch
nonnenhafte Unnahbarkeit dermaßen entmuthigte, daß
er sich für immer von ihr zurückzog, stehen nicht ver=
einzelt da. Ebenso auch Fälle, wo junge Mädchen ein
im Keime begriffenes körperliches Uebel, eine entstehende
Verkrümmung oder dergl. verheimlichen und unheilbar
werden lassen, weil sie die falsche Scheu vor der Unter=
suchung des Arztes nicht überwinden mögen, oder wo
sie sich ein lebenslängliches Siechthum zuziehen durch
Nichtberücksichtigung gewisser Zustände auf Reisen, bei
Familienfesten u. s. w., um nur die nächsten Angehörigen
nicht ahnen zu lassen, daß sie der Schonung bedürfen.

An jungen Mädchen lobt man die Schamhaftigkeit
und belächelt es höchstens, wenn dieselbe so weit geht,
daß z. B. ein Pensionsdämchen, welches zufällig in
einem Badezimmer ein männliches Bildniß findet, dessen
Vorderseite nach der Wand kehrt, oder daß ein fleißiges

Haustöchterlein in tödtliche Verlegenheit geräth, wenn ein männlicher Gast sie zufällig beim Anfertigen eines Unterröckchens oder Nachtjäckchens antrifft; — an alten Mädchen dagegen verhöhnt man die gleiche Eigenschaft, und des Gespöttes über „altjüngferliche Prüderie" ist kein Ende. Jedoch welche alte Jungfer vermöchte wohl größere Lächerlichkeiten zu begehen, als es so manche wohlmeinende Mutter thut? Giebt es vielleicht heutzutage keine bejahrte Matrone mehr, welche die Lectüre einer dreißig- bis vierzigjährigen Tochter streng überwacht und derselben nicht gestattet, Abends nach zehn Uhr ein paar Schritte allein über die Straße zu gehen?

Die Mutter der berühmten amerikanischen Schriftstellerin Harriet Martineau verwehrte dieser aus „Schicklichkeitsgründen", ihren von schwerer Krankheit hergestellten Bräutigam zu besuchen, trotzdem seine Eltern und sein Arzt ihn durch die Anwesenheit der Braut von einer zurückgebliebenen tiefen Schwermuth zu heilen hofften; sechs Wochen später war er eine Leiche. Bis zu solcher Grausamkeit können Vorurtheile und irrige Begriffe sich versteigen!

Viele Mütter nehmen indessen nicht einmal die eigene Ansicht oder vorgefaßte Meinung zur Richtschnur ihres Handelns, sondern fragen stets ängstlich darnach, was Andere sagen könnten, d. h. die eben so urtheilslose Umgebung, in der sie leben. Demgemäß verwehren sie z. B. ihren kaum erwachsenen Töchtern, einer Vorstellung von Goethes Faust beizuwohnen, lassen sie aber getrost zu Opernaufführungen wie: Die Königin von Saba, Rigoletto, Die Walküre u. s. w. gehen in der Voraussetzung, daß ihnen der gesungene Text unverständlich bleibe. Und für den Fall, daß vielleicht doch irgend Jemand dies nicht genehmigen könnte, wird ihnen hinterher verboten, zu diesen oder jenen Personen über solche Theaterbesuche zu reden. Ich habe es erlebt, daß eine sonst sehr gewissenhafte und verständige Mutter ihrer Tochter einen Verweis gab, weil diese ganz unbefangen erwähnte, sie hätte Offenbachs Orpheus in der Unterwelt gesehen, und ich entsinne mich noch sehr wohl, wie mich diese Inconsequenz stutzig machte, obwohl ich mir damals nicht genügend klar darüber war. Ebenso verletzte es mein Wahrheitsgefühl, als ich später einmal anhörte, wie eine Dame reifen Alters ihrer gleichfalls nicht mehr jugendlichen Schwester als unschicklich vorwarf, daß sie in Gegenwart eines hochbetagten Herrn ihre Bekanntschaft mit Hackländers „Europäischem Sklavenleben" verrieth. Sie schien der Ansicht zu sein, daß verständige Damen ein Buch so heiklen Inhalts nur im Verstohlenen lesen dürften!

Die gewohnheitsmäßige Tugendheuchelei haftet solchen Wesen entweder lebenslänglich an und wird ihnen zur zweiten Natur, oder sie schlägt in gewissen Jahren ins Gegentheil um. Daher die auffallende Abschwächung oder das völlige Absterben des Schamgefühls, welches man häufig bei Frauen in höherem Alter, gleichviel ob verheirathet oder ledig, wahrnehmen kann. Aber auch bei jugendlichen Frauen hält der leere Schein, der die Keuschheit ersetzen muß, nicht in allen Lebenslagen Stich. Manches Mädchen wirft, sobald sie in die Ehe getreten ist, jeden Zwang bei Seite und zeigt sich dem Manne so sehr aller Rücksicht und alles Zartgefühls baar, daß es ihm kaum zu verdenken ist, wenn er sich voll Mißachtung von ihr abwendet.

Bogumil Golz, der die ganze menschliche Gesellschaft einer scharfen Kritik unterwirft, sieht zwar das weibliche Geschlecht nur mit den Augen eines Cynikers an, dem niemals ein hohes Frauenideal vor der Seele gestanden; nichts desto weniger aber hat er in seinem Werke: „Zur Naturgeschichte und Charakteristik der Frauen" eine Anzahl treffender Beobachtungen und Aussprüche niedergelegt, die unserer Beherzigung werth sind.

Er schreibt u. A.: „Es giebt gebildete Weiber, die

ungeachtet dessen, daß wir von ihrer Ehrbarkeit überzeugt sind, gleichwohl durch einen Mangel an weiblicher Würde verletzen, der nur die Diagnose der „Unjungfräulichkeit" ist. Solche Frauenzimmer brauchen nicht eben etwas zu verschulden, was den Anstand beleidigt; unser Gefühl macht ihnen daraus eine Schuld, daß die Schämigkeit sie nicht umduftet und wie ein Flaum umhüllt. Es ist mit der Jungfräulichkeit wie mit dem Trinkwasser; es muß aus der Quelle geschöpft und eiskalt sein." Wer wollte dem widersprechen?

Indessen begeht B. G., indem er hier nur von gebildeten Weibern spricht, leider auch einen gewöhnlichen, aber sehr folgenschweren Mißgriff, wodurch er die Frauen der bevorzugten Stände in der nur allzu verbreiteten falschen Ansicht bestärkt, daß der Bildungsgrad oder Stand eines weiblichen Wesens den Maßstab für seine Sittlichkeit abgeben müsse.

Welch eine endlose Fluth von Schriften religiösen, socialen, poetischen, ästhetischen und anderweitigen Inhalts ist nicht schon und wird noch immerzu geschrieben über das Weib! Doch sollte man eigentlich überall die Frage hinzusetzen: welches Weib? Denn da, wo man das Weib nur in idealer Auffassung oder in besonderen Lebenslagen im Sinne hat, ist die allgemeine Geschlechtsbezeichnung gerade so unzutreffend, wie wenn man über die Pflanze reden wollte, ohne sie zu specificiren, während das Gesagte sich doch nur auf besondere Arten bezieht.

Eines der gebräuchlichsten Schlagwörter unserer dem Scheine noch immer eifrig huldigenden Zeit ist folgendes: „Die Reinheit des Weibes muß die Grundlage bilden, auf welcher sich das Gedeihen von Familie und Staat auferbaut."

Wie schön und herrlich gesagt! Wird denn aber die Fürstin wie die Stallmagd, die Tochter des Millionärs wie die Tochter des Steinklopfers unter denselben

Gesichtspunkt der Weiblichkeit gestellt? Keineswegs; sondern: das Weib der unteren, nicht allein der untersten Klassen ist, wie Mrs. Jameson sagt „**die als rechtmäßig zuerkannte Beute des Mannes, unbeschützt von der öffentlichen Meinung, dem allgemeinen Brauch und der christlichen Barmherzigkeit**".*)

Weil der Unterschied von Stand und Erziehung selbstverständlich Einfluß auf die Sitten übt, muß darum die Sittlichkeit des Weibes an und für sich eine verschiedene sein?

Die Verwechselung von Rohheit und Verfeinerung mit Immoralität und Moralität, die Willkür und Inconsequenz, welche die niederen Stände von der Forderung gleicher Sittenreinheit ausschließt, sie erzeugen ein Heer von Ungerechtigkeiten, die als tief eingewurzelter Krebsschaden unser gesellschaftliches Leben vergiften. Will man einen schlagenden Beweis haben für den Mangel an Humanität bei den Frauen, hier ist er! In den sogenannten besseren Ständen trägt fast jedes Weib, auch wenn es nicht adeliger Abkunft ist, etwas von jenem aristokratischen Kastengeist in sich, der besondere Standesvortheile haben und von Gleichberechtigung nichts wissen will. Durch ihren Einfluß beherrscht diese Anschauung denn auch die ganze Gesellschaft. Während man die Töchter der gebildeten Klassen mit chinesischen Schutzmauern umgeben zu müssen glaubt**) sieht man die nämlichen Sicherheitsmaßregeln für die=

---

*) Womans mission and womans position.

**) Benjamin Constant sagt: „Inmitten aller Hindernisse, welche Natur und Gesellschaft dem Weibe in den Weg gelegt haben, bleibt ihr als einzige Sicherstellung ihrer Ruhe nur übrig, sich mit Schranken zu umgeben, welche die Leidenschaft nicht übersteigen kann. Unfähig, sich das Dasein anzueignen, ist sie immer der Chinesin gleich, deren Füße verstümmelt sind, und für welche jede Freiheit eine Fallgrube, jeder offene Spielraum

jenigen der ungebildeten Klassen als überflüssig an und behandelt sie, als ob die weibliche Ehre bei ihnen minder verletzlich und deren Verlust bei weitem weniger zu beklagen wäre, als bei den Ersteren. Es ist eben Sache des Anstandes und weiter nichts. Wenn z. B. ein gebildeter Mann sich einen sittlichen Fehltritt zu Schulden kommen läßt, so fällt vor dem weiblichen Forum nicht das thatsächliche Unrecht ins Gewicht, wohl aber der Umstand, aus welcher Sphäre er sein Opfer erwählt. Verführt er eine Jungfrau aus guter Familie oder gar höheren Standes, so zieht er sich gewiß die einigermaßen ernste Mißbilligung der Frauenwelt zu; je tiefer er jedoch unter sich greift, desto leichter wird die Sache genommen. Er kann ein armes Mädchen niedriger Herkunft ja durch Geld entschädigen; er kann sich vielleicht auf so „anständige" Weise mit ihr abfinden, daß sie um des schmachvollen Sündenlohnes willen noch gerne von irgend einem Manne ihres Standes geehelicht wird.

O möchten alle durch Lebensstellung und Erziehung bevorzugten Frauen doch gründlich bedenken, wie sehr solche Ansichten aller Menschenwürde und aller Weiblichkeit Hohn sprechen, wie entsittlichend die Geringschätzung weiblicher Ehre auf die niederen Volksschichten

---

ein verhängnisvoller Anlaß zum Straucheln wird. So lange, als die Erziehung den Frauen noch nicht ihren rechten Platz angewiesen hat, wehe denjenigen, welche die gewohnten Schranken durchbrechen! Ihnen wird die Unabhängigkeit wie der Ruhm nur eine glänzende Todtenfeier für ihr verlorenes Glück sein."

Mrs. Jameson bemerkt hierzu: „Dies ist auch eine von den abgedroschenen, schönklingenden Redensarten, welche eine Unwahrheit so tief unter Worten verstecken, daß man sie erst ausgraben muß. Wenn das Gesagte wahr ist, so ist es dies nur so lange, als man die Füße und den Geist der Frauen einschnürt, nicht länger. Und welcher Art sind wohl die Schranken, welche die Leidenschaft nicht zu übersteigen vermag, sobald sie den Willen unterjocht hat?"

wirken muß, und wie mit dem grundsätzlichen und
massenhaften Preisgeben von Individuen des vierten
Standes, der das Fundament jedes Volkes bildet, das
ganze soziale Gebäude untergraben wird.

Schlimm genug ist es schon, daß die weiblichen
Mitglieder dieser Schichten ihre Zurücksetzung als solche
gar nicht empfinden, sondern sich ihre größere Ungebunden=
heit zu Nutzen machen, um ihrem natürlichen Hange zu
folgen. Die größte Zahl aller unehelichen Kinder wird
bekanntlich von Dienstmädchen und Arbeiterinnen ge=
boren. In großen Städten gehören diejenigen unter
ihnen, welche ihre jungfräuliche Ehre bewahrt haben,
beinahe schon zu den Ausnahmen, die anderen gestehen
ohne Scham und Scheu ihre Fehltritte als etwas all=
tägliches ein. Man braucht nur eine Stunde im Sprech=
zimmer einer Stellenvermittlerin geweilt zu haben, um
einen Einblick in diese Zustände zu erhalten. Auf dem
Lande ist es zwar nicht anders; auch hier haben die
meisten Mädchen ein, wenn nicht mehrere Kinder; jedoch
besteht in verhältnißmäßig vielen Fällen zwischen deren
Vätern und ihnen ein festes Gelöbniß, welches mit der
Ehe abschließt, sobald die Umstände es zulassen. Als
ich einst einer Viehmagd, welche zum vierten Mal außer=
ehelich niedergekommen war, Vorstellungen über ihren
Lebenswandel machte, erwiederte sie mir ganz gleich=
müthig, daß sie zu Michaeli ihre Hochzeit feiern werde,
und setzte hinzu: „Ob ich mich jetzt mit den Kindern
plage oder später, das bleibt sich doch gleich!"

Wenn der moralische Standpunkt dieser Mädchen
auch meistens ein ziemlich niedriger ist, so sind sie doch
nicht in Vergleich zu stellen mit jenen tief gesunkenen
Städterinnen, welche in bodenlosem Leichtsinn auf Tanz=
böden und in Kneipen sich an den ersten besten Mann
hängen, von dem sie keine Versorgung zu erwarten
haben, und welche sich hernach der mütterlichen Pflichten

gegen ihre unglücklichen Sprößlinge auf die unverant=
wortlichste Weise zu entledigen suchen.

Eine gewisse Ungerechtigkeit in der Beurtheilung
des eigenen Geschlechts ist indessen auch den Frauen der
untergeordneten Stände eigen. Dieselbe Freiheit, welche
sie für sich in Anspruch nehmen, gestehen sie den höher
Gestellten nicht zu. Weibliche Dienstboten spüren eifrigst
den dunklen Punkten im Leben ihrer Herrinnen nach
und geben schonungslos ihre Geheimnisse preis; Auf=
wärterinnen, Zeitungsfrauen, Wäscherinnen, Bäcker=
mädchen u. s. w tragen halb erlogene Klatschgeschichten
von Haus. zu Haus und ergehen sich in sittlicher Ent=
rüstung darüber. Ein Beispiel von den gewöhnlichen
Ansichten jener Leute liefert nachstehender Vorfall: In
einer angesehenen Familie auf dem Lande wurde die
Hochzeit der jüngsten Tochter zugleich mit der Taufe
eines Kindes der älteren verheiratheten Tochter gefeiert.
Durch Namensverwechselung und dummes Geschwätz
entstand der fatale Irrthum, daß der Täufling ein vor
der Eheschließung zur Welt gekommenes Kind des Braut=
paares sei. Eine Botenfrau, welche mit gewohnter
Freude am Skandal dieses Gerücht aufgeschnappt hatte,
verbreitete es in allen Dörfern der Umgegend, indem
sie allemal zum Schlusse ausrief: „Ja, wenn so etwas
unter uns armen Leuten passirt, da kann man nicht
viel dazu sagen; aber bei solch' vornehmen Herr=
schaften!"

Sonderbar ist die in manchen Gegenden übliche
Sitte, daß eine Braut, welche im Zustande der Schwanger=
schaft zur kirchlichen Trauung kommt, einen halbkreis=
förmigen, offenen Myrthenkranz tragen darf; vollends
sinnlos aber ist die damit verknüpfte Auffassung, daß
dies zulässig sei, weil sie durch ihre Heirath mit dem
Manne, dem sie ihre Jungfrauenehre preisgegeben,

ihren Fehltritt wieder sühne! Als ob sie allein sich vergangen hätte, und als ob nicht tausende von Mädchen im gleichen Falle eine solche "Sühne vollziehen würden, wenn es in ihrer Macht läge*).

---

*) Die von Paulus aus dem Judenthum herübergenommene, Thimoth. 2, 15 ausgesprochene Ansicht, "daß das Weib selig werde durch Kinderzeugen," spielt unter der niederen katholischen Bevölkerung Süddeutschlands noch immer eine Rolle und hat einen sonderbaren Aberglauben gezeitigt. Als ich mich einst in München aufhielt, geschah es, daß ein sechszehnjähriges Fabrikmädchen aus meiner Nachbarschaft ins städtische Entbindungshaus geschafft und dort — beiläufig gesagt, durch die unerhört rohe Behandlung eines ärztlichen Pfuschers — auf elende Weise unter die Erde gebracht wurde. Bei der Besprechung dieses Falles sagten unsere Hausleute von der Unglücklichen, daß sie nun geraden Wegs in den Himmel käme, weil sie im Kindbett gestorben sei!
Wenn sie aber am Leben geblieben wäre, so hätten dieselben Leute sie und ihr Kind verdammt und verfehmt.

## Sechstes Capitel.
# Widerspruch zwischen Theorie und Praxis.

> Weil wir im wirklichen Leben die hohe Theorie nicht mit der niedrigen Praxis aussöhnen können oder mögen, so brauchen wir unseren Witz, um die Theorie lächerlich zu machen, und unsern Verstand, um uns mit der Praxis auszusöhnen. Wir sollten gerade das Gegentheil thun.
>
> Mrs. Jameson.

Ihren Gipfelpunkt erreicht die Ungerechtigkeit der Frauen bei der Beurtheilung alles dessen, was in das weite Gebiet des Liebeslebens gehört. Hier wuchert geradezu die crasseste Inconsequenz, der schroffste, schneidendste Gegensatz zwischen Theorie und Praxis.

Alle kommen darin überein, daß die Liebe das höchste Glück des Weibes, Zweck und Ziel ihres Lebens sei, — und doch gestehen sie einander dieses Glück nur innerhalb der engsten Einschränkung, unter möglichst erschwerenden Bedingungen zu und verkümmern es sich gegenseitig, so viel sie irgend können. Der Hauptgrund liegt wohl darin, daß, wie die wenigsten Menschen, so auch verhältnißmäßig wenige Frauen Wesen, Werth und Bedeutung der Liebe an sich völlig begreifen.

Dr. Julius Duboc bezeichnet in seiner kritisch=philo=sophischen Schrift „die Psychologie der Liebe" das Wesen derselben als das Zusammenwirken sinnlicher und seelischer Elemente und zieht ihre Grenzscheide da, wo das eine oder das andere in überwiegendem Maße vorhanden ist. Er verwirft den Zwiespalt zwischen Seele und Leib, Fleisch und Geist, wie die christlich=kirchliche Anschauung ihn als Lehre aufgestellt und bis zu einer ungesunden Asketik getrieben hat, und sagt mit Recht, daß die menschliche Natur überall entschie=denen Protest gegen diesen Zwiespalt abgiebt, auch da, wo der Mensch sein äußeres Verhalten im Ein=klang mit seinen geheiligten Ueberzeugungen einzurichten bemüht ist.

Der innige Zusammenhang von Körper und Seele mit der daraus hervorgehenden gegenseitigen Abhängig=keit und Wechselwirkung ist ja nicht zu leugnen, und damit ebenfalls nicht die Berechtigung der sinnlichen Triebe, nach Befriedigung zu streben*).

Indessen geht Duboc von seinem modern=realistischen Standpunkt aus so weit, eine Trennung von Leib und Seele überhaupt und folglich das Fortbestehen der letzteren nach dem Tode zu leugnen, welchem Stand=punkt es denn auch angemessen ist, daß er die Unter=ordnung der Sinnlichkeit unter die Sittlichkeit nicht als unbedingte moralische Forderung anerkennt. Er sagt: „Daß die Liebe mich in der gleichen Weise, wie das sittliche Ideal binde, ohne daß aus diesem Gebunden=

---

*) Der Sinnengenuß ist an sich kein Uebel, sondern ein Gut er wird nur dann zum Uebel, wenn er uns von unserer sittlichen Bestimmung abzieht."

Moritz Carriere, die sittl. Weltordnung.

sein ein sittlicher Makel, Mangel an Charakter, sittliche Schwäche erwachse, daß sie mir in gleicher Weise wie jene ein Heiligthum schaffe, erklärte ich deshalb für zulässig, weil in derselben die umfassendste Befriedigung unserer ganzen Natur bezweckt und erreicht wird. Diese energische Bejahung des Lebens seinem vollen Inhalt nach, dies allen Theilen gleichmäßig gerecht werdende, keinem Theil eine Unterdrückung zudictirende Prinzip schafft ein ebenso hohes und heiliges Lebensrecht, erwirbt diesem Recht einen ebenso unverbrüchlichen Anspruch bindend zu sein, als das Handeln in Uebereinstimmung mit dem sittlichen Ideal, als die Bejahung (durch die That) dessen, was ich geistig bejaht und nach dem innerlichen Grundgesetz meiner Natur als wahr, schön und gut erklärt habe."

Diesem hier offen dargelegten Standpunkt läuft es nun aber ganz und gar zuwider, wenn dessen Inhaber nicht auf das Entschiedenste die allgemeine gesellschaftliche Uebereinkunft verwirft, nach welcher „das Weib" (nota bene das hoch- und wohlgeborene) die Befriedigung seiner Liebeswünsche außerhalb der Ehe nicht verwirklichen darf\*), ohne der schärfsten Verurtheilung zu verfallen und seine sociale Stellung für alle Lebenszeit gründlich zu erschüttern. J. Duboc macht sich solcher Inconsequenz schuldig. Zwar giebt er zu, daß die verschiedene Beurtheilung der Geschlechter sich vor dem Richterstuhle sittlicher Kritik oft garnicht rechtfertigen lasse, räumt ihr aber nichts desto weniger einen gewissen Grad der Berechtigung ein, über den er sich weiter auszusprechen unterläßt (weil dies nicht im Plane seiner Schrift läge, wie er sagt!).

Und somit geräth auch dieser feinsinnige Denker in den circulus vitiosus des unlösbaren logischen Widerspruchs: daß einem menschlichen

---

\*) Mit welchem Weibe darf der Mann es denn eigentlich thun?

Wesen das Vorrecht einer pflichtwidrigen Handlung zugestanden wird, deren Ausübung bedingt ist durch die Verleitung anderer menschlicher Wesen zu den gleichen pflichtwidrigen Handlungen, welche aber für Letztere die strengste Ahndung, oder eine erhebliche Schädigung nach sich ziehen!

Daß es gegen diese Ungerechtigkeit keine praktisch wirksame Berufung giebt, möchte ich im Namen aller vernünftigen und rechtlich gesinnten Frauen Herrn Dr. Duboc doch bestreiten! Ebenso gut könnte man sagen, es gäbe keine praktisch wirksame Berufung gegen die Verrücktheiten der Mode; wenn auch alles, was an dieser gesundheitsschädlich, häßlich, unanständig und lächerlich sei, von allen vernünftig erzogenen, ästhetisch gebildeten Frauen mißbilligt werde, so könnten sie dennoch nichts dagegen ausrichten und müßten eben mitmachen.\*)

Obwohl ich gegen das geistvolle, schön geschriebene Buch noch mancherlei Einwendungen zu machen habe, so möchte ich ihm doch zahlreiche aufmerksame Leserinnen wünschen. Anstatt, wie die gewöhnliche seichte Alltags=Frauenlectüre, „ein Meer von blauen Gedanken über ihr Herz zu ergießen", wird das genannte Werk sie zu fruchtbarem Nachdenken über die wichtigsten Lebensfragen anregen und daraus vielleicht Folgerungen von größter Tragweite für das praktische Leben ziehen lassen. Es wird ihnen vor Allem die Ueberzeugung näher bringen, daß das Weib hinsichtlich alles dessen, was sich auf die Liebe bezieht, kein durchaus anderes Gemächte sei, wie der Mann, und sie werden dann nicht länger die falsche Ansicht cultiviren, daß neben dem seelischen Elemente in der Liebe das sinnliche nur seinem Geschlechte zufallen

---

\*) Aussprüche wie: „Es ist nun einmal so und braucht darum nicht anders zu werden," pflegen sonst von Männern als echte Weiberlogik verspottet zu werden.

dürfe, bei dem eigenen aber, wenn nicht ertödtet, so doch verleugnet und weggeheuchelt werden müsse.

Ohnehin gereicht es dem weiblichen Geschlecht zum großen Nachtheil, daß das Geistesleben der Männer zum größten Theile durch die Interessen und Anforderungen ihres Berufs in Beschlag genommen wird, so daß im Liebesverkehr die sinnliche Seite ihres Wesens überwiegend in Frage kommt. Den meisten unter ihnen ist der Reiz der äußern Erscheinung das „ewig Weibliche", was sie indessen nicht gen Himmel zieht, sondern von ihnen in den Staub herabgezogen wird; und für diejenigen, welche unter den anziehenden Formen keinen Gehalt suchen, noch begehren, muß sich dieser Reiz natürlich in stetem Wechsel erneuern.\*)

Es waltet im Leben der beiden Geschlechter eine große Ungleichheit des Geschickes, die zum Theil aus der Gemüthsbeschaffenheit des Weibes hervorgeht, zum Theil durch die bestehenden Lebensverhältnisse noch besonders ausgebildet wird. Weder unschönes Aeußere noch Alter, weder Gebrechlichkeit noch Charaktermängel aller Art rauben dem Manne die Chance, von einem weiblichen Wesen mit voller Hingebung des Leibes und der Seele geliebt zu werden, wogegen des Mannes Liebe dem Weibe nur sehr bedingungsweise zu Theil wird und die Spanne Zeit, da er ihre Liebe als begehrenswerth erachtet, vereinzelte Ausnahmen abgerechnet, nur die Jahre ihrer leiblichen Blüthe umfaßt. Diese schwindet aber schneller als ihre Lebenskraft und das Bedürfniß zu lieben und geliebt zu werden.

Wer nun bedenkt, daß dem Weibe die Liebe ebenso naturnothwendig ist wie dem Manne, daß es nament=

---

\*) „Schönheit ist die Mission des Weibes; unter anderer Bedingung existirt es nicht. Ohne diese kostbare Gabe verschwindet es aus der Welt, wo man liebt." (E. de Neufville.)
Diese Worte eines frivolen Franzosen sind sicherlich auch im Geiste einer sehr großen Zahl deutscher Männer gesprochen.

lich einem leidenschaftlichen Frauenherzen nicht leicht fallen kann, frühzeitig oder gänzlich darauf zu verzichten, und endlich, daß die oberflächliche, einseitige Erziehung, zu einem müssigen Dasein, wer weiß wie oft, darauf hingewirkt hat, die Bitterkeit dieses Verzichtes noch wesentlich zu erhöhen — der wird keinen Stein auf diejenige Frau werfen, welche mit allen erdenklichen Mitteln darnach trachtet, so lange wie nur möglich zu gefallen, und sich zuletzt noch in diesem Punkt einer lächerlichen Selbsttäuschung hingiebt. Der Spott der Männer ist hier wahrlich übel am Platze, denn sie sind es eigentlich, welche diese weiblichen Schwächen hervor= rufen und großziehen. Sieht man gar von den ober= flächlichen Wesen ab und erwägt, welches Maß von Herzeleid, welche stillen, verborgenen Kämpfe und hoch= tragischen Conflicte so manchem würdigen, schuldlosen Weibe aus der ihr auferlegten Entsagung erwachsen, so begreift man vollends nicht die Härte und Mitleidlosigkeit, mit welcher die Frauen sich gegenseitig ihr Schicksal noch zu erschweren pflegen. Denn gleichviel, ob sie im Wettkampf um das irdische Glück ihr Ziel erreicht haben oder nicht, sie hören nicht auf, ihren Mitschwestern den Lebenspfad mit Dornen zu umzäunen und mit Steinen zu bewerfen, während sie den Männern Palmen streuen und ihre Kleider auf den Weg breiten. Sie finden es lieblich und poetisch, wenn ein Goethe als vierund= siebenzigjähriger Greis noch wie ein Jüngling in leiden= schaftlicher Liebesgluth für ein junges Mädchen ent= brennt\*); sie sind tief gerührt, wenn ein Heine noch auf seinem Sterbelager nach den frivol=sinnlichen Freuden lechzt, die ihm die Krankheit versagt. Wenn aber ein Weib, besonders ein Mädchen mit dem dreißigsten Lebensjahre nicht jeden Gedanken an Liebesglück (ich meine damit nicht eine Versorgung durch Heirath) fahren

---

\*) Fräulein von Lewetzow.

läßt, so finden sie das lächerlich, und wird Einer ein spätes Glück zu Theil, so ist selbst dann des Kopfschüttelns, Spöttelns und Verdächtigens kein Ende. Sehr viele Frauen werden es sicher begreiflicher finden, daß ein Mann seine Braut, welche vielleicht sieben Jahre oder länger auf die Erfüllung seines Versprechens geharrt, im Stiche läßt, weil sie ihm nicht mehr jugendfrisch und reizend genug erscheint, als daß ein Mädchen ihrem Verlobten den Abschied giebt, weil sie üble Entdeckungen an ihm gemacht.

Indem ich das Verhalten der Frauen in Sachen der Liebe gegenüber dem eigenen Geschlecht betrachte, kommt mir ein arabischer Weisheitsspruch in den Sinn, den ich zum Leitfaden nehmen will. Derselbe lautet:

>Die Lieb' ist dreierlei,
>Lieb' ist ein Herzensband,
>Lieb' eine Heuchelei
>Und Lieb' ein Todesbrand.

Selbstverständlich gebührt die Benennung „Liebe" nur der erstgenannten Art, da die zweite ihr Zerrbild, die dritte ihre Ausartung ist.

Daß die rechte Liebe ein **Herzensband** sein muß, erkennen die Frauen zwar in der Theorie, nicht aber in der Praxis an. Das höchste Glück zu genießen, oder selbst nur zu empfinden, gestatten sie ihren Mitschwestern allein unter der Bedingung, daß es früher oder später die Bestätigung am Traualtar empfängt; denn für „das Weib, wie es sein soll" gilt die Liebe außerhalb Brautstand und Ehe als unerlaubt und befleckend. Alle anderen Herzensverbindungen, mögen sie noch so rein und sittlich sein, werden mit gewaltthätiger Willkür in Bausch und Bogen als illegitim gebrandmarkt. Dagegen gilt die Ehe ohne Liebe, welche sich unter Umständen\*) zu dem

---

\*) z. B. wo entschiedene Abneigung und Mißachtung vorhanden ist.

unsittlichsten aller Lebensverhältnisse gestalten kann und oft genug gestaltet, der ehrsamen Frauenwelt gewöhnlich als vernünftig, und zwar darum, weil die Ehelosigkeit den allermeisten weiblichen Wesen noch immer als furchtbarstes Schreckgespenst vor der Seele steht. Daher wirkt die mütterliche Erziehung oft mit allen Kräften darauf hin, bei jungen Mädchen die Liebe garnicht aufkommen zu lassen, oder sie im Keime zu ersticken, statt dessen sie ihnen praktische Anleitung zur baldmöglichsten Erreichung ihres Lebenszweckes giebt. Ehe die jugendliche Psyche noch die geringste Liebesahnung verspürt hat, wird sie von allen Seiten durch sinnloses Geschwätz vom Glück ehelicher Liebe und von der Nothwendigkeit des Heirathens mit allerhand verworrenen Vorstellungen und unrichtigen Anschauungen vollgepfropft; sie lernt bald jeden jungen Mann, der in ihren Gesichtskreis tritt, darauf ansehen, ob er wohl "der Rechte" sei. Wenn nun aber derjenige verkörperte Amor, welcher die ersten Herzensregungen in ihr weckt, unglücklicher Weise nicht im Stande ist, einen geeigneten Ehegatten für sie abzugeben, so soll ihr Herz sofort wieder entschlummern, wie Kaiser Rothbart im Kyffhäuser. Winkt dagegen irgend eine "Aussicht" im Hintergrunde und will es der ungünstige Zufall, daß ein der Mutter willkommener Bewerber der Tochter nicht genehm ist, dann hört bei der ersteren gewöhnlich jede Spur von billiger und vernünftiger Erwägung auf. Ich kannte eine junge Dame, welcher in einem Falle, wo von ernstlicher Bewerbung noch gar nicht einmal die Rede war, Seitens ihrer weiblichen Verwandschaft die bittersten Vorwürfe gemacht wurden wegen vermeintlicher Unterdrückung einer von ihr nicht im mindesten gefühlten Neigung; man prophezeihte ihr sogar die Strafe des Himmels!

Eine Erinnerung aus meiner eigenen goldenen Jugendzeit wird hier wiederum lebendig. Mir war von jeher die Geschichte von der glühend sinnlichen, an Tollheit grenzenden Leidenschaft zwischen Romeo und Julia in der Seele zuwider, und ich sagte einst, daß nur Shakespeares geniale Behandlung und eine gute Darstellung auf der Bühne mir diesen Stoff einigermaßen genießbar machen könne. Da rief mir eine bejahrte Tante voller Entrüstung zu: „Mädchen, was ist nur in Deiner Constitution verfehlt, daß Du das Hohelied der Liebe nicht erfassen kannst!"

Ich hätte wohl wissen mögen, was dieselbe alte Tante gesagt haben würde, wenn ich mich à la Julia auf dem ersten Balle Hals über Kopf in einen neunzehnjährigen, vermögenslosen Lieutenant verliebt und geschworen hätte, bis an mein Lebensende nicht von ihm zu lassen.

Jene Aeußerung ist keineswegs nur für eine bestimmte Persönlichkeit bezeichnend. Denn im Busen fast jedes weiblichen Wesens regt sich, bewußt oder unbewußt, stärker oder schwächer ein Gefühl der Auflehnung gegen die ihm aufgezwungene falsche Moral mit ihrer ganzen äußeren und inneren Verlogenheit, und dieses Gefühl tritt dann gelegentlich in wahrhaft naiver Weise zu Tage in der Inconsequenz, mit welcher es die gewohnten, als heilig betrachteten Anschauungen in der Theorie über Bord wirft, während es sich in der Praxis vor ihnen beugt. Lauschen nicht tausende von Frauen mit Entzücken dem Dichter und Sänger, auch wenn er die Allgewalt der Liebe in noch so verwegenen und freien Weisen besingt? Und hört man nicht manche zarte Dame zuweilen selber voll Begeisterung ein Lied vortragen, dessen Worte nicht gerade vom reinsten Geiste angehaucht sind? So schwärmt auch die ganze weibliche Welt für die Bündnisse liebender Herzen in Romanen und in Bühnenwerken; sie fühlt sich hingerissen von der gluthvollen Leidenschaft einer Heloise, ist entzückt von der treuherzigen Hingebung eines Clärchen oder eines Käthchen von Heilbronn, vergießt Thränen

über das tragische Geschick einer Ophelia und versagt
selbst einer schuldvollen Irma und einem gefallenen
Gretchen nicht ihre Theilnahme und Absolution. Doch
wo sie sich auf dem Boden des wirklichen Lebens be=
wegt, da bricht sie unbarmherzig den Stab über jedes
weibliche Wesen, das nicht correct in seiner Liebe war.\*)

Höchst widerwärtig ist das Sittenrichten von Seiten
solcher Frauen, welche selber niemals geliebt haben,
oder deren Herzensgefühle überall unerwidert geblieben
sind. Zu dieser Art zählen nicht etwa nur alte und
alternde Mädchen; denn auch so manche Frau wurde
ungeliebt zum Altar geführt, und wenn sie selbst keiner
wahren Liebe fähig ist, kann ihr Gemüth leicht ebenso
verknöchern und verdorren wie das einer lieblosen ver=
bitterten alten Jungfrau.

„Wer Lieb' entbehrt, dem ward nur Schlaf gegeben,
Wer Liebe sucht, der kennt die Liebe nicht\*\*)."

Mag sein Leumund noch so unantastbar sein, es
gilt von ihm das Wort: Laudatur virtus et alget
(die Tugend wird gelobt, aber sie friert). Und zwar
mangelt solcher Scheintugend nicht nur die innere Lebens=
wärme, sondern es geht ein Hauch eisiger Marmorkälte
von ihr aus\*\*\*).

Die Liebe ohne Ehe hat ja freilich ihre Schatten=
seiten. Wer wüßte nicht, wie bedenklich alle des festen

---

\*) „Jede Frau würde sich wohl lieber von feindlich gesinnten
Männern als von einer Jury von Weibern verurtheilt sehen,"
sagt Bog. Goltz. Jedoch die Männer sind nur geneigt, einem
Weibe die Schuld zu erlassen, wenn sie jung, schön, interessant
oder mindestens berühmt ist.

\*\*) Ernst Schulze.

\*\*\*) Eine derartige Empfindung erweckt in dem Beschauer
des Pilotyschen Gemäldes von den klugen und thörichten Jung=
frauen die Hauptfigur, in welcher der Ausdruck strenger Reinheit
zwar meisterhaft zur Darstellung gebracht ist, jedoch nicht im
Sinne des biblischen Gleichnisses, das die selbstgerechte Tugend
von der Aufnahme in das Himmelreich ausschließt.

Bodens ermangelnden Verhältnisse im Leben sind, wer kennt nicht ihren häufig so unheilvollen Ausgang? Die Demüthigungen, welche das Weib in solchen Fällen meistens zu erdulden hat, sind so viele und herbe, der fortwährende Kampf ihrer Ueberzeugung gegen die Ansichten der sie umgebenden Welt wirkt so lähmend auf ihr ganzes inneres Leben, daß schon ein ungewöhnlicher Heldenmuth dazu gehört, um solch ein Martyrium dauernd zu ertragen. Und oft genug werden die allerbittersten Leiden ihr nicht allein durch die Verunglimpfung und Verfolgung Seitens ihrer Mitmenschen bereitet, sondern durch die Untreue oder rohe Behandlung des Mannes, dem sie sich opfert. Gewohnt, lediglich die Erfüllung seiner selbstsüchtigen Wünsche in Betracht zu ziehen, fordert er entweder von der Geliebten — was von seiner Schwester oder Tochter zu fordern er keinem anderen Manne gestatten würde*) — die Hingabe von Ruf und Ehre, und wendet sich im Falle der Versagung voll Erbitterung, vielleicht voll Haß von ihr ab; oder im Falle der Gewährung überläßt er sie

---

*) Als der Jüngling Laertes seine Schwester Ophelia eindringlich ermahnt, den Bewerbungen des Prinzen Hamlet kein Gehör zu geben, weil dies nur zu ihrem Verderben führen könnte, giebt sie ihm — ein Muster für alle Schwestern in gleicher Lage — die verständige Antwort:

"Ich will den Sinn so guter Lehr' bewahren
Als Wächter meiner Brust; doch, lieber Bruder,
Zeig nicht, wie heilvergeß'ne Prediger thun,
Den steilen Dornenweg zum Himmel And'ren,
Derweil als frecher, lock'rer Wollüstling
Du selbst den Blumenpfad der Lust betrittst
Und spottest Deines Raths."

Es scheint, daß Laertes von der Logik des weltbeherrschenden zwiefachen Moralbegriffes noch nicht durchdrungen war, denn sonst hätte er gewiß Opheliens "ungeziemendes" Verlangen nach Gleichberechtigung mit der Bemerkung zurückgewiesen: "Mein Kind, was ich thue, ist eine ganz andere Sache und geht Dich garnichts an."

bald hilflos ihrer Schmach — („die wird gar bald verachtet, die sich zu früh ergiebt", heißt es in Figaro's Hochzeit) oder wenn er gewissenhaft genug ist, daß ihm ihre Ehre höher steht als sein Begehren, so verblutet sich — ach wie oft! — seine Liebe allmählich an Ueberdruß, an charakterloser Scheu, die Unzuträglichkeiten des Verhältnisses mit auf sich zu nehmen, an Rücksichten auf Familie und Stellung ꝛc.

Das aber ist der Prüfstein echter Liebe, wodurch sie sich von der sinnlichen Begierde unterscheidet:

„Daß sie immer und immer sich gleich bleibt,
Wenn man ihr Alles gewährt, wenn man ihr
Alles versagt."*)

Ueberwuchernde Sinnlichkeit ist stets der Tod der Liebe, sowohl außer als in der Ehe, während da, wo vorzugsweise Gemüth und Seele von der Liebe ergriffen sind, ihr nicht allein ein längerer Bestand gesichert ist, sondern auch eine höhere Weihe innewohnt, und sie zu dem erhebt, was dem menschlichen Dasein die höchste Glückseligkeit verleiht! Mag auch die mehr geistige Liebe naturgemäß eher dem reiferen Alter vorbehalten sein, als der stürmischen Jugend, so fehlt es dennoch nicht an Beispielen, wo ein junger Mann durch jahrelanges treues Festhalten an einem unerreichbaren weiblichen Ideal davor bewahrt worden ist, mit dem Taumelkelch der Lust sein Leben zu vergiften. Und so hat eine aussichtslose, doch beseligende Liebe auch in das öde, vereinsamte Dasein so manches weiblichen Wesens Sonnenschein gebracht. Denn die Liebe ist nicht allein eine Naturnothwendigkeit für das Weib, sie ist auch die Poesie ihres Lebens. Selbst wenn das unerbittliche Schicksal Entsagung und Trennung von den Liebenden fordert, so bleibt denselben doch die Erinnerung an ver-

---

*) Goethe.

gangenes Glück und verschönt ihr Leben bis zum letzten Athemzuge.*)

Unglücklich ist nur die Liebe zu nennen, welche keine Erwiderung findet, denn sie erhebt nicht, sondern demüthigt, ist darum überaus qualvoll und führt leicht eine Erkrankung des Gemüthes herbei. Jedoch wird dieser Fall bei dem Weibe immer nur ausnahmsweise vorkommen, da Natur und Sitte es mit sich bringen, daß der Weckruf an ihr Herz durch die Werbung des liebenden Mannes ergeht.

Die Welt, insbesondere die Frauenwelt, verargt es einem Mädchen, und stünde sie auch in vorgerückten Jahren, wenn sie ihre Liebe irgendwie kund werden läßt, falls deren Krönung durch die Ehe nicht möglich ist; man verlangt alsdann, daß sie ihr Herz mit Klostermauern umbaue und einer Nonne gleich stumm und verschlossen ihren Weg wandele. In den Augen der Durchschnittsmenschen „compromittirt" sich ein Mädchen, das mit ganzer Seele an einer aussichtslosen Neigung festhält, wogegen z. B. eine Andere, welche zweimal ihre Verlobung gelöst hat und sich dem dritten Bräutigam wiederum ohne den geringsten Herzensantheil verspricht, nicht sonderlich an Achtung einbüßt, wenn sie ihn nur wirklich heirathet.

Es ist ja keine Frage, daß die Gefahren der Liebe

---

*) Ein wahrhaft erhebendes Beispiel solcher Seelenbündnisse ist das Verhältniß zwischen Michael Angelo und Vittoria Colonna; ebenso dasjenige zwischen dem russischen Dichter Alexander Joukowsky und seiner Jugendgeliebten.

Oefter als in höheren Kreisen treten uns, Belege für die Beständigkeit einer reinen, selbstlosen Liebe gebend, schlichte Gestalten aus dem Volksleben entgegen; so in der Erzählung „Der Liebenbach" (Nr. 758 in Bechsteins deutschem Sagenbuch), welcher ohne Zweifel ein wahres Vorkommniß zu Grunde liegt; in der Schilderung eines armen, treuen Paares in Roseggers Bildern aus dem Volksleben in Steiermark, u. A.

ohne Ehe nicht ernst genug zu nehmen und alle leeren
Träume und romanhaft überspannten Phantastereien zu
bekämpfen und zu verbannen sind.\*) Doch soll man das
Kind nicht mit dem Bade ausschütten. Zwischen der
thörichten Schwärmerei eines unreifen Mädchens, oder
der blinden Leidenschaft eines selbstbeherrschungsunfähigen
Weibes und der heroischen, selbstvergessenen Hingebung
eines reifen, besonnenen, charaktervollen weiblichen Wesens
ist ein ebenso großer Unterschied wie zwischen dem krank=
haften, jämmerlichen Schmachten eines Werther und dem
mannhaften, kühnen Handeln eines Ingo. Auf Beschaffen=
heit und Gehalt der Liebe kommt es überall an. Wo
sie sich als echt und treu bewährt, da steht sie unter
allen Umständen der bräutlichen und ehelichen Liebe
vollkommen gleich, und es ist eine Engherzigkeit und
Verblendung ohne Gleichen, ihr die Berechtigung ab=
sprechen und keine Ausnahme von der Regel anerkennen
zu wollen. Denn es giebt Fälle, wo die Liebe eines
Weibes die üblichen Schranken überschreitet und doch
nicht verurtheilt werden darf. Ich will nicht die be=
rühmteste aller Liebesheldinnen, die unsterbliche **Heloise**
nennen, welche in zu weit gehender Selbstverleug=
nung um dem heißgeliebten, ihr heimlich angetrauten
Abälard in seiner ruhmvollen Laufbahn nicht hinderlich
zu sein, zu einer Lüge griff und durch diesen falschen
Schritt nicht allein Schmach und Herzeleid auf sich selber
lud, sondern auch ihm ein tragisches Geschick bereitete;
auch nicht die berühmte **Philippine Welser**, welche
um der Vereinigung mit dem geliebten Manne willen
den Fluch ihres Vaters, die Verbannung aus dem
Elternhause und jahrelange entehrende Verdächtigungen

---

\*) Man lese, was Lewes in seiner Goethe=Biographie (Ueber=
setzung von J. Frese, Band I) gelegentlich der Sesenheimer
Episode über das bei jungen Leuten oft vorkommende leichtsinnige
und unbesonnene Spielen mit der Liebe sagt.

ertrug. Denn Beide waren vermählt, wenn auch im Geheimen, und diese Thatsache sichert ihnen schon von vornherein die Freisprechung durch das weibliche Sittengerichts-Kollegium. Sondern ich will, um zuerst ein Beispiel aus dem romantischen Mittelalter zu wählen, an Lucia Viadagola, die schöne Bolognesern, erinnern, welche freiwillig die Kerkerhaft des unglücklichen Königs Enzio theilte und durch ihre Liebeshuld die Härte seines Schicksals milderte.*)

Wohl wäre es sittsamer gewesen, wenn sie keinen Herzensbund ohne kirchliche Bestätigung mit dem bereits vermählten Manne geschlossen hätte, aber war es etwa unweiblich, daß sie dem ruhmvollen, jugendlichen Helden, der von aller Welt verlassen, mehr als die Hälfte seines Lebens in ebenso grausamer als ungerechter Gefangenschaft verschmachten mußte, Trost, Freude und liebevolle Pflege spendete?

Oder steht die Menschlichkeit nicht höher als der Gehorsam gegen einzelne Satzungen? Hat doch sogar das heilige Gebot der Unterordnung unter den Willen der Eltern seine gewissen, wohl zu beachtenden Grenzen**), und verwarf doch auch Christus selbst die übertriebene unvernünftige Sabbatheiligung der Pharisäer mit den klaren Worten: „Der Sabbat ist um des Menschen willen gemacht und nicht der Mensch um des Sabbats willen". (Marcus 2, 23—28. Matthäus 12, 1—13.)

---

*) Er war der natürliche Sohn Kaiser Friedrichs II., in seinem fünfzehnten Jahre mit Adelasia, der Erbin von Sardinien vermählt und zum Könige von Sardinien gemacht, 1249 in der Schlacht bei Fossalta von den Bolognesern gefangen genommen und bis an sein Ende in strenger Haft gehalten. Seine Gemahlin kümmerte sich in seinem Unglück garnicht um ihn, vermählte sich sogar späterhin mit dem Sardinier Michele Zanchi, einem Menschen von nichtswürdigem Charakter.
**) Wie z. B. in dem früher erzählten Falle aus dem Leben der H. Martineau.

Ein dem oben angeführten ähnliches Beispiel aus unserer Zeit bietet die Schriftstellerin George Eliot (Mary Anne Evans), welche mit dem bekannten Goethe-Biographen Lewes, dessen verfehlte Ehe nicht geschieden werden konnte, eine Gewissensehe einging, die beiden als heilig galt und das Glück ihres Lebens ausmachte. Sie bot mit dem Muthe ihrer Ueberzeugung dem Vorurtheil die Stirn und ertrug die unausbleiblichen Verunglimpfungen Seitens der streng conventionellen englischen Gesellschaft (des aristokratischen Shockingthums, wie Leopold Katscher sich so treffend ausdrückt*) mit Verachtung, obwohl dieselben ihrer feinen Empfindung manch bitteren Kampf bereiteten und gewiß nicht wenig dazu beitrugen, die geistig hochbegabte und selten gebildete Frau dem „positiven" Religionsbekenntniß zu entfremden, das jene Kreise vertraten. Der Religion der Menschenliebe hing sie dagegen mit ganzer Seele an und ehrte stets das aufrichtige Bekenntniß Andersdenkender; ihre Schriften stehen an ethischem Werth den besten zeitgenössischen Werken gleich und werden noch lange segensreiche Früchte tragen. Dennoch wurde sie um ihrer Freisinnigkeit willen im ungeweihten Theile des Highgater Friedhofes begraben!

Das ist das Urtheil der Welt, der Moloch, dem so unzählig viel Herzensglück geopfert wird!

Die Unbilligkeit weiblichen Urtheils erweist sich besonders darin, daß es jeden Fehltritt, jede incorrecte Handlung eines Weibes mit demselben Maßstab mißt, ohne Herz und Vernunft zu befragen. Ein billiges Urtheil wird z. B. die Eliot nicht auf gleiche Linie stellen mit der Gräfin Ahlefeld, welche sich dem Dichter Karl Immermann auch nur äußerlich verband, jedoch aus Adelsstolz sich weigerte, dieser Lebensgemeinschaft die

---

*) Charakterbilder aus dem neunzehnten Jahrhundert.

gesetzliche Form zu geben und seinen bürgerlichen Namen anzunehmen; oder mit Madame d'Agoult, welche Mann und Kinder verließ, um sich in unwürdiger Leidenschaft einem angebeteten Genie an die Fersen zu hängen. Eine solche Liebe ist kein Herzensband.

Wenn J. Duboc indessen für die Liebe unter allen Umständen einen „eximirten Gerichtsstand" beansprucht und sagt, daß sie um ihres hohen Rechts willen, ohne getadelt zu werden, thun dürfe, was in allen anderen Fällen mit einem Makel behaftet sein würde, so verleugnet er doch das sittliche Bewußtsein.

Das Heiligthum des sittlichen Ideals steht jederzeit höher als das Heiligthum der Liebe; ich meine damit das Pflichtgefühl, welches Jeder im Innern trägt und das er wohl zu unterscheiden vermag von den falschen Vorspiegelungen der Selbstsucht, welche ihre Begierden so gern vor dem Verstande zu rechtfertigen sucht. Der von der eigenen Ueberzeugung klar und zweifellos auferlegten Pflicht — wozu vor Allem diejenige der Selbstachtung gehört — sollen Mann und Weib unbedingt ihr Herzensglück opfern, nicht aber der öffentlichen Meinung. Denn diese achtet das Unheil und den Seelenschaden einer unglücklichen, selbst moralisch verwerflichen Ehe gering im Vergleich zur Uebertretung ihrer Anstands= und Sittenvorschriften und hat schon unzählige Menschen in solche Ehen hineingetrieben oder heilige und berechtigte Herzensbande zerrissen.

Die Liebe ist die Poesie im Leben des Weibes. Weil aber die Ehe bisher noch immer als schirmender Hafen, als Versorgungsanstalt und als die einzige Berufserfüllung ihres Daseins für das Weib angesehen wird und dessen tiefe Herabsetzung durch eine Heirath um einen nicht vollgültigen Preis unserem ganzen Geschlechte noch lange nicht zum Bewußtsein gebracht ist, so wird die Liebe theils durch Vorurtheile, theils durch materielle Rücksichten schon an der Wurzel ge=

schädigt, und allerlei Truggestalten, welche sich mit ihrem Namen schmücken: Selbsttäuschung, Sinnenlust, Gefallsucht und kaltherzige Berechnung an die Stelle echter Liebe gesetzt. Da heißt es denn mit Recht: Die Lieb' ist eine Heuchelei.

Ich hörte einst (von einem Manne) die Behauptung aussprechen, die Frau liebe im Manne mehr den Vertreter des starken Geschlechts, der Mann im Weibe mehr das Individuum. Man kann diesen Satz getrost umkehren, wenn man erwägt, daß die Frau sich meistens auf ein Individuum zu beschränken gezwungen ist, der Mann aber sich häufig seine Ungebundenheit zu Nutzen macht, um nach Auswahl mit verschiedenen Vertreterinnen des anderen Geschlechts Liebesverhältnisse einzugehen. Bei wahrer Herzensneigung ist die Liebe zum Individuum jedenfalls beiden Theilen gemeinsam. Betrachtet man aber die Heuchelei unter der Maske der Liebe, so trifft die angeführte Behauptung in Bezug auf die Frauen einigermaßen zu. Sie bevorzugen denjenigen Vertreter des starken Geschlechts, der ihnen zur Ehe und zu allen damit verbundenen Vortheilen: Stellung, Ansehen, größerer Freiheit im gesellschaftlichen Leben u. s. w. verhilft, der vor Allem die Höhe des Kapitals repräsentirt, welches sie zur Unterhaltung ihrer bisherigen Lebensgewohnheiten und Bedürfnisse oder zur Verwirklichung ihrer dahin zielenden Wünsche nöthig zu haben meinen.

Der schlimmste Auswuchs dieser Heuchelei ist die Anleitung zum Männerfang, welche besorgte Mütter ihren Töchtern geben, eine unerschöpfliche Fundgrube für Spott und Satyre von Alters her bis auf die Gegenwart, wo sie noch tagtäglich den Stoff für die plumpsten Theaterpossen und Zeitungsanekdoten hergeben muß.

Man wolle mir verzeihen, wenn ich mir einen etwas drastischen Vergleich erlaube. Ich sah eines Tages mehrere zusammengekoppelte Rinder, welche von einem Fleischerburschen geführt, von einem andern getrieben wurden. Um den gewohnheitsmäßig langsamen Gang der Thiere zu beschleunigen, schlug der Letztere mit einem wuchtigen Knüttel bald auf diese, bald auf jene Kuh, so daß sie dicke Striemen davontrug, und wenn das mißhandelte Thier dann ein wenig aus der Reihe vordrang, erhielt es von dem Führer einen Stockhieb auf die Nase. Als eifrige Thierschützerin machte ich die Leute auf ihre Grausamkeit aufmerksam, was nicht ohne Erfolg blieb.

Beobachte oder höre ich nun etwas von der schmählichen Art, mit welcher leider so viele Mütter ihre Töchter zu Markte führen und mit allen erdenklichen Mitteln zur Erreichung ihrer Absicht treiben und drängen, so wie andererseits den erbarmungslosen Spott, mit welchem „die Gesellschaft" — und nicht zum Mindesten andere Mütter, deren Töchter in ähnlicher, wenn auch in mehr versteckter und gewandter Weise zu Werke gehen den armen, mißleiteten Wesen Nackenschläge ertheilen, so fällt mir jenes Erlebniß wieder ein. Und ich muß offen bekennen, daß ich glaube, ein rechtes Wort an rechter Statt werde noch eher bei einem rohen Fleischergesellen Eingang finden, als bei einer thörichten Mutter, die im Wahne pflichtmäßigen Handelns befangen ist.

Bis zu einem gewissen Grade darf man J. Duboc zustimmen, wenn er sagt, die Tochter der verwöhnten gebildeten Stände könne nicht lieben, und das urwüchsige Kind des Volkes stände der Poesie der Liebe näher als die geistvolle, fein erzogene Salondame. Es ist dies wahr, soweit die Letztere nicht fähig ist, sich von der beengenden Schnürbrust und dem steifen Reifrock der Konvenienz zu befreien, soweit überhaupt die Unnatur, welche dem Weibe der höheren Klassen durch systematische, fortgesetzte Unterdrückung ihres ursprünglichen Wesens nur zu häufig aufgezwungen wird, jeder echten Liebe schon von vornherein die Lebensadern unter=

bunden hat. Doch sind die Ausnahmen von dieser beklagenswerthen Regel nicht gar so wenige, wie Dr. Duboc meint, und können es auch nicht sein, da seiner eigenen Aussage gemäß die Liebe ein sehr machtvolles und sieghaftes Gefühl ist. Und es frägt sich außerdem doch sehr, ob die urwüchsige Tochter des Volkes in Wahrheit die Palme davonträgt, wenn es sich um Erreichung der Vollendungsstufe der Liebe handelt. Sie darf wohl ihrem Liebesdrang nach allen Seiten hin eine freiere Entwickelung gönnen als die gebildete Dame; aber — mag auch die Kundgebung oder Darstellung dieser naturwahren Liebe in Volkspoesie und Volkserzählung uns noch so sehr entzücken — in der Wirklichkeit neigt sich die Wagschaale bei ihr doch stark nach der Seite der Sinnlichkeit zu. Denn die seelische Seite der Liebe wird durch die Noth des Lebens, durch harte Arbeit, Mangel und Sorge sehr häufig verkümmert, und in Folge dessen die Liebe nur als kurzer, vorübergehender Sinnenrausch genossen, die Ehe vom materiellen Gesichtspunkt der Versorgung angesehen und geschlossen. Und so wirkungsvoll es sich auch in der Dichtung macht, wenn ein Fürst, Ritter oder anderer Mann von Stande seine vornehme, ungeliebte Braut verläßt (oder hintergeht), um sich aus schlichter oder niederer Sphäre ein süßes Lieb zu gewinnen, so handelt es sich im Leben bei solchen Fällen doch meistens nicht um Herzens= sondern um Sinnenglück. Denn nicht jedes Waldblümchen ist eine Amaranth, nicht jede Dorfschöne ein Käthchen von Heilbronn und nicht jede Apothekerstochter eine Anna Liese Föhse, wie denn auch nicht jeder hohe Herr ein Herzog Albrecht von Bayern, ein Fürst Leopold von Dessau oder ein Graf Wetter vom Strahl ist, der treu und ehrenhaft liebt und die Erkorene an seine Seite emporhebt.

Wenn also der gebildete Mann bei seinen Standesgenossinnen das für ihn ungleich anziehendere sinnliche Element in der Liebe nicht findet, auch nicht suchen darf, andererseits aber bei den Töchtern des Volkes das seelische Element entbehren muß, wenn er dann, nach dem letzteren dennoch verlangend, mit einer Diotima in seelischen und mit einer Phryne in sinnlichen Liebesverkehr tritt, um schließlich, falls er zur Ehe schreitet, als Sultanin seines Harems eine Dame zu erwählen, die seinen Standes- und sonstigen Ansprüchen genügt — so ist seine Liebe wahrlich nicht „jener höchste Aufschwung im Leben des normalen Menschen, der sich nach allen Seiten auszuleben ein hohes und heiliges Recht hat"*), sondern sie ist eine Heuchelei, ein Verrath am hohen und heiligen Wesen der Liebe.**)

Und das hat nicht „mit ihrem Singen die Loreley gethan", sondern die blinden Vorurtheile derjenigen Menschen, welche sich „die Gesellschaft" nennen, mit ihrer gänzlichen Verkennung dessen, was auch am Weibe echt menschlich ist. Diese Verkennung ist es, welche die beiden Extreme der Ueberweiblichkeit einerseits und der Unweiblichkeit andererseits zum Schaden der Gesellschaft selbst hervorbringt.

Ein Todesbrand ist die Liebe da, wo sie zur ungezähmten Leidenschaft ausartet, die Sinne verblendet, die Vernunft umnachtet und alles Fühlen und Wollen mit Gewalt nur auf das Ziel ihrer Befriedigung hindrängt.

Am furchtbarsten bezeugt sich dieser Brand in der bis auf den höchsten Grad gesteigerten Eifersucht des liebenden Weibes; wo sie einmal zur völligen Herrschaft gelangt, da wird das unglückliche, von ihr besessene

---
*) Julius Duboc.
**) Balzac sucht zwar in seinem Roman: Le lys de la vallée mit dem ganzen Aufgebot seiner geistreichen Darstellungsgabe die Möglichkeit des Bestehens einer solchen verschieden gearteten Doppelliebe glaubhaft zu machen: allein er stellt sich damit, wie so mancher andere Schriftsteller, nur in den Dienst der Unwahrheit.

Wesen entweder zur Selbstvernichtung getrieben, oder es wirft Alles, was ihr im Wege steht, nieder, sei es mit triumphirender Uebermacht\*), sei es mit Falschheit und List, und wenn es nicht anders möglich ist, auch mit Dolch und Gift. Ein Todesbrand ist der maßlose Schmerz des verschmähten, verrathenen oder treulos verlassenen Weibes, wenn er sie zum physischen oder moralischen Selbstmord treibt\*\*); ein Todesbrand ist die entsagungsunfähige, verzehrende Liebesgluth des Weibes, das, keine geheiligten Bande und Rechte achtend, sich zwischen Ehegatten drängt und, indem es Frieden und Glück einer anderen Frauenseele vernichtet, zugleich das eigene Verderben besiegelt; ein Todesbrand ist auch das Verlangen nach unwürdiger Rache von Seiten des gekränkten, in ihrem Rechte verletzten Weibes.

Fast ausnahmslos aber zeigt sich die Eifersüchtige nur dem eigenen Geschlechte feindlich. Die volle Wucht ihres Hasses fällt nicht auf den mehr oder minder schuldigen Mann\*\*\*), sondern auf die glücklichere Nebenbuhlerin, und ihre Ungerechtigkeit kennt keine Grenzen; denn sie ist die gleiche gegen Schuldige oder Schuldlose, gegen Lebende und Verstorbene. Es giebt Weiber, welche nicht dulden, daß vor ihren Stiefkindern der Name von deren verstorbenen Müttern genannt werde; welche mit vandalischer Bosheit die Bildnisse und Andenken ihrer Vorgängerinnen vernichten und womöglich nicht eher ruhen, als bis sie sich das letzte Stück Hausrath aus der Hinterlassenschaft derselben aus den Augen ge=

---

\*) Würde Königin Elisabeth das Todesurtheil der Maria Stuart unterzeichnet haben, wenn nicht eine übermächtige Anwandlung von Eifersucht sie im verhängnißvollen Augenblick hätte zur Feder greifen lassen?

\*\*) Zu Letzterem gehört u. A. eine Heirath aus Verdruß und Verzweiflung wegen unglücklicher Liebe, (was die französische Sprache mit dem unübersetzbaren Worte „dépit" bezeichnet).

\*\*\*) Der indessen auch tadelfrei sein kann.

schafft haben — wenn sie merken oder zu hören bekommen, daß dem Ehemanne die Erinnerung an seine erste Gattin theuer ist.

Bei Mädchen erstreckt sich die eifersüchtige Feindseligkeit sogar bis in die Zukunft hinein auf Personen, die vorerst nur ihrer Einbildung vorschweben. In Goethes eigener Lebensbeschreibung wird uns ein derartiger Vorfall mitgetheilt. Als er noch im Jünglingsalter stand, faßte Lucinde, die Tochter eines französischen Tanzmeisters, eine heftige Neigung zu ihm; bald aber entdeckte sie, daß er ihrer Schwester, die ungeachtet ihrer Brautschaft gern Eroberungen machte, den Vorzug gab, und wies ihn in einer leidenschaftlichen Aufwallung aus ihrem Hause. Zuvor jedoch erfaßte sie ihn beim Kopfe, drückte mehrere heiße Küsse auf seinen Mund und rief: „Unglück über Unglück für immer auf Diejenige, die zum ersten Male nach mir diese Lippen küßt!"

Ein zweites Beispiel weiblicher Ungerechtigkeit aus Eifersucht wird uns im Verlaufe von Goethes Leben an Frau von Stein gezeigt. Obgleich ihr eigenes Verhältniß zu Goethe kein makelloses gewesen war und ihre Launenhaftigkeit nicht wenig dazu beigetragen hatte, es zu lockern, so ließ sie doch nach der Auflösung desselben ihren Groll in Schmähungen gegen Christiane Vulpius aus, deren Verbindung mit Goethe damals zwar auch noch nicht legal war, jedoch um ihrer Erziehung und geringeren geistigen Bildung willen viel eher Anspruch auf Entschuldigung machen durfte, als das vorerwähnte Verhältniß.

Recht charakteristisch für den ewig-weiblichen Erzfehler ist folgender Zug: eine junge Dame, welche für ihren Religionslehrer eine schwärmerische, etwas überschwängliche Verehrung fühlte, dessen Gattin aber nicht leiden mochte, sagte einst: „Daß sie seine Frau ist,

verzeihe ich ihr nur, weil sie ihn so glücklich macht."
Eine Aeußerung, welche sich in der That recht hoch
herzig ausnehmen würde, wenn sie von einer verlassenen
Braut käme!

* * *

Ueber die Dauer der Liebe ist nicht weniger
gesagt und geschrieben worden, als über ihr Wesen, und
doch bleibt der Gegenstand ein unerschöpflicher, weil die
Auffassungen und Gefühle der Menschen zu verschieden
sind, um eine Uebereinstimmung zu erzielen.

Der Eine sagt, die Liebe sei nur ein schöner Wahn
der Andere, sie sei ewig. Dieser sucht aus physiologischen Gründen zu beweisen, daß dem Manne die Treue
unnatürlich, dem Weibe natürlich sei, Jener behauptet
dagegen, daß das Weib nur durch ihr eigenes Interesse
gezwungen werde, Treue zu halten, die ihrer flüchtigen
veränderlichen Natur weniger eigen sei, als dem Manne.
M. Nordau verwirft den lebenslänglichen Ehebund als
sociale Lüge und als das größte Hemmniß für alle
normale Entwickelung des Menschengeschlechts und Fr.
Ehrenberg nennt sie das Palladium der Menschheit. J.
Duboc betrachtet die eheliche Liebe als schwachen Abglanz dessen, was er eigentlich nur als Liebe bezeichnet
wissen will, erklärt, nachdem diese in der sinnlichseelischen (d. h. eigentlich geschlechtlichen) Vereinigung
ihren Höhepunkt erreicht und ihre Befriedigung gefunden,
ihr allmähliches Absterben für ebenso naturgemäß als
gerechtfertigt und hält es für nicht unmöglich, daß einst
in ferner Zukunft an Stelle der Ehe eine andere Art
des Zusammenlebens von Mann und Weib treten könne.
Er sagt über die Vergänglichkeit der Liebe: „Es ist eine
ganz falsche und verzerrte Auslegung, wenn man das
Abwelken eines früheren und das Erstehen eines neuen
Liebesgefühls als Treubruch bezeichnet. Anwendbar und
angepaßt dem Sinne, in welchem die Treue gelobt wurde,

wird diese Bezeichnung immer nur sein, wenn die Liebe äußerlichen feindlichen Mächten geopfert wurde. Vor Allem, was der Liebe von außen feindlich gegenübersteht — sei dies nun, was es wolle, der Verführung im weitesten Sinne mit einem Wort — kann die Treue sie schützen und ist sie berufen, dies zu thun. Daß aber die Liebe nicht von innen heraus verwelke und absterbe und daß nicht an die Stelle dessen, was war, etwas trete, was ist und sein wird, dagegen kann das Treuegefühl keinen ausreichenden Schutz gewähren. Verbleibt ihm gleichwohl der Sieg, so ist dies nur da möglich, wo ihm äußere, zufällige Lebensverhältnisse und gewisse, einem neuen Liebesaufschwung hinderliche körperliche und seelische Dispositionen zu Hülfe kommen. Das Leben, wo es seine vollen Trümpfe ausspielen kann, ist meistens des Sieges sicher und hauptsächlich davon ist es abhängig, ob die Treue Siegerin bleibt, oder ob sie nur als ein mehr oder minder wirksamer, aber schließlich von dem Gegengewicht überwundener Hemmschuh eingreift."

Auf den ersten Anblick erscheint das Gesagte einleuchtend; sieht man aber näher zu, so erhebt sich die Frage: was in aller Welt hat denn das Treuegefühl da zu schützen, zu bekämpfen und zu besiegen, wo ein neuer Liebesaufschwung gar nicht möglich ist? Und wenn es da, wo die Bedingungen zu letzterem vorhanden sind, stets unterliegen muß, wozu dann erst noch vergeblich kämpfen?

Duboc stellt hier wie an anderen Stellen, seiner eigenen Theorie zum Trotz, die sinnliche Seite der Liebe weit über die seelische; denn jene „vollen Trümpfe", welche das Leben ausspielen und dadurch das Treuegefühl gefährden kann, sie sind in der Region des Sinnlichen, Körperlichen, nicht des Seelischen zu suchen.*)

---

*) Heine hat einmal gesagt: „Bei dem Weibe giebt es keine zweite Liebe; seine Natur ist zu zart, als daß es zweimal das

Wo das völlige Aufgehen des Ich in dem Du, was Duboc als die Vollendungsstufe, als das Allerheiligste der Liebe bezeichnet, einmal stattgefunden hat, da kann von dem Entstehen eines neuen, ebenso echten Liebesgefühls nicht mehr die Rede sein, weder bei dem Manne noch bei dem Weibe; dagegen können beide sehr wohl die Liebe in allerlei Verhältnissen und Verbindungen suchen und doch niemals kennen lernen. Es ist dann Verliebtheit oder Täuschung.\*)

Außerordentlich schön und wahr erscheint mir folgender Ausspruch, den Karl Bleibtreu den cynischen Auslassungen Max Nordaus entgegenstellt: „Die Liebe ist das Prinzip der größten Freiheit und eine innere Nothwendigkeit, welche eins ist mit der Freiheit. Wahre Liebe ist nicht der Rausch der Sinne, sondern die ruhige Entschlossenheit der Seele. Sie ist die einzige Poesie des Lebens, sobald ihr unruhiges Suchen ihr wirkliches eines Ziel gefunden hat. Alle Liebe kann nur monogamisch sein."

Und so stimme ich denn auch mit voller Ueber-

---

furchtbarste Erdbeben des Gemüthes überstehen könne. Betrachtet Julia!"

Es läßt sich wohl kein schlechter gewähltes Beispiel für diese Behauptung aufstellen. Denn mehr als einmal konnte Julia freilich ebenso wenig wie Romeo sich das Leben nehmen: doch warum hätte die jugendliche Maid des Südens mit ihrem gluthvollen Temperament nicht noch zu wiederholten Malen den Rausch der Leidenschaft durchleben können, wie so viele Andere ihres Geschlechtes und namentlich ihres Volkes?

Heine hat eben das Wesen der echten Liebe auch verkannt.

\*) Wenn Duboc die Liebe als in gleicher Weise bindend erachtet, wie das sittliche Ideal, so muß ihm auch ihre Dauer nothwendig sein, oder er muß für das sittliche Ideal gleichfalls die Freiheit öfterer Neugestaltung in Anspruch nehmen. Alsdann aber hat es keinen Sinn, wenn er den vollen moralischen Gehalt des Menschen nach der Treue abmessen will, welche derselbe gegen alles von ihm Heiliggehaltene bis an das Ende bewährt.

zeugung dem Dichter des bekannten Volksliedes bei, der da singt:

„Nur d'Rosen, die blühn schön frisch alle Jahr,
Doch die Liab blüht nur amol, und noher is gar."

Ob es die erste Jugendschwärmerei, oder ob es die weniger stürmische Neigung eines reiferen Alters ist, entscheidet der Grad ihrer Innigkeit.*)

Wäre der früher angeführte Satz, daß das Weib im Manne zuvörderst den Vertreter des starken Geschlechts und in zweiter Linie erst das Individuum liebe, in Bezug auf die Mehrheit wahr, so würden die Frauen weit mehr zur Untreue neigen als die Männer. Nach meinen Erfahrungen und meinem Dafürhalten aber ist dies (wenigstens bei den Völkern germanischen Stammes), nicht der Fall. Die Zahl der Frauen, welche mehr mit dem Gemüth als mit den Sinnen lieben und schon aus diesem Grunde beständiger sind, ist hier gewiß eine bedeutende. Man sage nicht, daß die meisten Frauen hauptsächlich darum durch der Männer Treulosigkeit leiden, weil es ihnen schwer oder oft unmöglich sei, einen Ersatz zu finden. Friederike Brion hatte, nachdem Goethe sich von ihr getrennt, mehrere Heirathsanträge, doch schlug sie dieselben alle aus; und viele Mädchen werden in ihrem Falle das Gleiche thun.

Mit dem Treubruch des Geliebten ist oft das ganze Dasein eines weiblichen Wesens gebrochen, während der

---

*) „Man hat oft wunderbare Ansichten von der Liebe. Man bildet sich ein, mehr als einmal geliebt zu haben, will dann gefunden haben, daß doch nur das eine Mal das rechte gewesen sei, will sich getäuscht haben oder getäuscht worden sein. Ich rechte mit Niemandes Empfindungen. Aber was ich Liebe nenne, ist ganz etwas Anderes, erscheint im Leben nur einmal, täuscht sich nicht und wird nicht getäuscht, beruht aber ganz auf Ideen."
Wilhelm von Humboldt. Briefe an eine Freundin.

kräftigere Mann nicht so leicht der Uebermacht des Gefühls erliegt. Im Fall daß er verrathen wurde, giebt die Verachtung in der Regel seiner Liebe den Todesstoß; bei dem Weibe überdauert die letztere noch oft die erstere.

Stellt man sich nun vor Augen, welche vielfachen und schweren Leiden durch die so häufig vorkommende Untreue der Männer dem Frauengeschlecht erwachsen, und sieht man dabei an, wie die Mehrzahl des letzteren dennoch die Treulosigkeit bei dem anderen Geschlecht auf alle Weise bestärkt, so findet man die Anklage: daß die Weiber sich unter einander hassen und befeinden, aufs Glänzendste bestätigt.

Von den höchsten und feinsten bis hinunter in die niedrigsten Schichten der Gesellschaft kann man an Frauen und Mädchen wahrnehmen, wie sie aus Neid, Eitelkeit oder Berechnung ihren größten Triumph darein setzen, Anderen ihre Liebhaber und Bewerber abwendig zu machen; ja für eine echte Coquette ist überhaupt die Anziehungskraft eines Mannes bedingt durch die Zahl seiner bisherigen Liebesabenteuer. Welche Nichtachtung erfahren gewöhnlich die Ansprüche verlassener Bräute von den Töchtern des Volks, deren quellfrische Poesie zu verherrlichen neuerdings fast Modesache geworden ist! Mehr als eine Dienstmagd habe ich eindringlich ermahnt, von einer Heirath abzustehen, nachdem eine frühere Geliebte des betreffenden Bewerbers ihr geschrieben, daß sie von ihm mit einem Eheversprechen und einem Kinde im Stich gelassen worden sei; jedoch immer blieb mein Bemühen vergeblich. Entweder glaubte sie blindlings der Versicherung des edlen Bräutigams, daß dies alles erlogen sei, oder sie setzte sich gleichmüthig darüber hinweg, weil doch nun einmal der Versorgung halber geheirathet werden mußte!

„Wer liebt, der weiß, was er der Liebe schuldig;
Wer ihren Schmerz und ihre Wonne kennt,
Dem ist die fremde, wie die eigne heilig"*).

Anton von Klesheim, der Verfasser des Liedes vom „Mailüfterl", versucht es, dem gesammten Frauengeschlecht seine Verschuldung infolge gänzlichen Mangels an Solidaritätsgefühl durch ein Gleichniß zu Gemüthe zu führen, mit dessen Schlußmoral er vollkommen den Nagel auf den Kopf trifft.

A wunderschöner Schmetterling
Hat sich mit an Bleamerl versproch'n,
Doch lang hat's dauert nit die Liab,
So hat 'er die Treu wieder broch'n.

Das Bleamerl klagt's ihr'n Schwestern glei,
Daß sie hat ihr'n Liebsten verlor'n;
Da hab'n die Bleamerln alle z'samm
Sich gegen den Treulos'n verschwor'n.

Und wia er zu die Bleamerl fliagt,
Ruaft Jed's ihm glei zua: Du muaßt wandern!
Und deßweg'n fliag'n die Schmetterling
Von an herzig'n Bleamerl zum andern.

Sie finden nimmermehr zum Liab'n
A Bleamerl-Herz nit, mit all'n Gewalt'n;
Das is die Straf' für Flattersinn,
Für Treue versprech'n und nit halt'n.

Und thät'n d' Madeln a de Schwür,
Die d' Bleamerln hab'n g'schwor'n ans mit 'n andern,
So müßt'n gar viele junge Herrn
Grad so wie die Schmetterling' wandern,

---

*) Ernst Houwald.

Und d' Herz'n hätt'n viel mehr Ruah,
Die Liab wär' treuer und schöner;
Denn gäb's a Straf' für'n Flattersinn,
So gäb's a viel treuere Männer.*)

Denselben Grundgedanken hat Lessing sicherlich dem weiblichen Geschlecht nahe legen wollen, obgleich er das eigenthümliche Mittel wählte, ihn als Heuchelrede einer abgefeimten Buhlerin in den Mund zu legen. Die betreffende Stelle in „Sarah Sampson" lautet: „Wenn M. auch mein Bruder wäre, so muß ich Ihnen doch sagen, daß ich mich ohne Bedenken einer Person meines Geschlechts gegen ihn annehmen würde, wenn ich bemerkte, daß er nicht rechtschaffen genug an ihr handle.

Wir Frauenzimmer sollten billig jede Beleidigung, die einer einzigen von uns erwiesen wird, zu Beleidigungen des ganzen Geschlechts und zu einer allgemeinen Sache machen, an der auch die Schwester und Mutter des Schuldigen Antheil zu nehmen sich nicht bedenken müßten."

# Inhalt.

1. Die herkömmliche Moral. — 1
2. Die Lehre vom Gegensatz der Geschlechter — 10
3. Die schädlichen Consequenzen irriger Voraussetzungen — 27
4. Selbsttäuschung und Pharisäerthum — 45
5. Schein und Sein — 52
6. Widerspruch zwischen Theorie und Praxis — 66

# Das Weib
# am Ende des Jahrhunderts.

Von

**Gräfin Gisela von Streitberg.**
(G. V. v. D. . . . . . . .)

---

### Zweite Auflage.

Zweiter Theil:
Die verehelichten und die ehelosen Frauen.

Berlin und Leipzig 1891.
Alfred H. Fried & Cie.

# Doppeltes Maaß und Gewicht.

---

> Es giebt nur eine Moral; sie ist dieselbe für beide Geschlechter.
> I. Statut des Brit. Cont. u. Allg. Bundes.
>
> Die Lehre von zwei Sittlichkeiten ist das Grab echter Sittlichkeit.
> Chr. Secrétan.

Nicht nur von der Kanzel herab, sondern auch im täglichen Leben wird häufig durch Wort und Schrift mit großem Nachdruck die Behauptung ausgesprochen, daß das Christenthum die Ehe gehoben habe, und daß besonders infolge der christlich-germanischen Auffassung das Eheweib zu hohem Ansehen, zu einer würdevollen und geehrten Stellung gelangt sei. Jeder Einspruch gegen diesen unanfechtbaren Glaubenssatz gilt für emanzipationssüchtige Ketzerei, die nur darauf ausgeht, Unzufriedenheit zu erregen und thörichte Frauen vom Pfade ihrer Pflicht abzulenken; die Gläubigen schwingen deshalb ihr Banner mit einem Eifer, als ob durch jenen Widerspruch die geheiligte Institution der Ehe selbst angegriffen würde.

Aber gerade Derjenige, welcher von der hohen Bedeutung dieser Institution und von der rechten Würde des Weibes durchdrungen ist, muß schonungslos den Vorurtheilen und Mißbräuchen zu Leibe gehen, durch welche beides untergraben wird; denn falsche Begeisterung und wohlklingende Reden tragen nur dazu bei, die gesellschaftlichen Schäden zu überpflastern, nicht zu heilen.

Es giebt Lobredner der Ehe wie des Weibes, die es, im Grunde genommen, nicht ehrlich meinen. Der weise Salomo zum Beispiel, welcher in seinen Sprüchen (Kap. 31, 10—31) der tugendsamen, fleißigen Hausfrau ein schönes Loblied singt, lernte eine solche niemals aus eigener Erfahrung kennen; er fand unter seinen tausend Weibern nicht eine Einzige, der er den vollen Werth eines Menschen hätte zuerkennen mögen (Pred. 7, 28). Der Philosoph Hippel, ein eifriger Fürsprecher der Ehe, blieb selber unvermählt. B. Golz stimmt in einem Kapitel seines Buches über die Frauen einen Dithyrambus an auf die göttlich hohe Bedeutung des Ehestandes, während der ganze übrige Inhalt des Buches nur dazu angethan ist, die Heirathskandidaten von der Erfüllung der gepriesenen und geforderten heiligen Menschenpflicht abzuschrecken. Und so machen es hundert Andere, deren Leben ihre eigenen Worte Lügen straft. Sie Alle legen — um einen Ausspruch Schillers zu variiren — das Bekenntniß ab:

„Weil mich das Weib entzückt im Zauberspiegel der
                Dichtung (oder der Phantasie),
Sind mir die Weiber verhaßt, denn sie zerbrechen das
                Glas."

Unter den Frauen sind es hauptsächlich die ledigen, welche sich übertriebene Vorspiegelungen von dem Glück der Ehe machen, und den Ehestand bis in den Himmel erheben; selten findet sich bei ihnen eine Schmährednerin des heiligen Standes. Aber auch die verheiratheten

Frauen lassen sich nur allzugern täuschen und verblenden, wenn nicht über ihr persönliches Glück oder Unglück, so doch über die Stellung, welche sie thatsächlich in diesem Stande einnehmen.

Noch kürzlich las ich in einer Frauenzeitschrift\*) die Beschreibung einer chinesischen Hochzeit, bei welcher unmäßiges Trinken und die Verhöhnung der zur Schau gestellten Braut als landesüblich bezeichnet wurde (eine Darstellung, welche übrigens durch einen nach eigener Anschauung verfaßten Artikel von Leopold Katscher über die Stellung der Frauen in China durchaus nicht bestätigt wird).\*\*) Die geschätzte Leiterin des Blattes fügt ihrem Bericht hinzu, daß alle deutschen Frauen an dem Vergleich mit diesem Beispiel ihre eigene hoheitsvolle Stellung in unserem gesegneten Vaterlande recht erkennen und sich derselben erfreuen sollten.

Ist denn aber in der That so viel Ursache dazu vorhanden? Gehört es etwa zu den seltensten Vorkommnissen, daß in den unteren Ständen des deutschen Volkes eine Hochzeit mit Fressen und Saufen und wüstem Tanzgelage gefeiert wird, um schließlich mit einer blutigen Schlägerei, oder mit Zank und Verdruß zwischen den jungen Eheleuten zu enden? Oder wird es vielleicht Jemand für eine Fabel halten, wenn ihm erzählt wird, daß ein hochangesehener Aristokrat wenige Tage vor seiner Vermählung seinen zahlreichen Maitressen vom Ballet und Cirkus ein glänzendes Abschiedssouper gegeben und dazu seine Kameraden, die feinsten Cavaliere der Gesellschaft, eingeladen habe? Wohl schwerlich. Wenn man nun gar selber den Fall erlebt hat, daß die Brautführer eines den vornehmen Kreisen ange=

---

\*) Die Frau im gemeinnützigen Leben. Archiv für die Gesammtinteressen des deutschen Frauen=Arbeits=, Erwerbs= und Vereinslebens, herausgegeben von Amely Sohn. II. Heft.

\*\*) Deutsche Hausfrauenzeitung Nr. 38. Berlin 1886.

hörenden Paares sich schon am Morgen vor der kirchlichen Traufeierlichkeit in Champagner berauschten und hernach beim Hochzeitsmahle in zweideutigen Scherzen über anwesende Damen und spöttischen Bemerkungen über die „Thorheit" des Bräutigams ergingen — kann es Einem da noch verargt werden, wenn man in den Hochgesang von der Heilighaltung der deutschen Ehe, der Achtung vor den deutschen Frauen nicht einzustimmen vermag?

Es war im dreizehnten Jahrhundert christlicher Zeitrechnung, als der deutsche Dichter Walther von der Vogelweide über die Zuchtlosigkeit seiner Zeitgenossen klagt und den Frauen schuld giebt, daß ihnen überall mit Unziemlichkeit begegnet werde, da sie den Sinn für ihre eigene Ehre verloren hätten.\*) Er könnte in unseren Tagen noch ganz dasselbe Lied singen.

---

\*) **Der wibe schult.**
(Frei aus dem Mitthochdeutschen übertragen.)

Ohne Lieb' so manches Leid
Wer möchte das erleiden immerdar?
Wär' es nicht Ungeschliffenheit,
So wollt' ich schreien: „Heda! Glück herbei!"
Das Glück es hört mich aber nicht,
Denn selten sieht es Einen gern,
Der Treue hat.
Ist es nun so, wie soll mir werden Rath?

Weh! welch' jämmerliches Treiben
Vollzieht vor meinen Augen täglich sich!
Daß ich so gar zum Thoren werde
Mit meiner Zucht, die Niemand mir vergilt!
Mit den getreuen alten Sitten
Wird man in dieser Welt verkürzet;
An Ehr' und Gut
Hat Niemand viel, es sei denn, daß er übel thut.

Und daß die Männer übel thun
Ist ganz und gar der Weiber Schuld.
Als noch ihr Sinn auf Ehre stand,
Da war man ihrer Gnade froh.

Der Mangel an Selbstgefühl, dieser Hauptfehler im weiblichen Charakter, zeigt sich um nichts weniger an der tugendhaftesten aller Hausfrauen, welche sich blindlings den unsittlichen Vorurtheilen der Gesellschaft unterordnet, als an dem leichtfertigen Weibe, das ihren guten Leumund dem Vergnügen opfert. Wenn auch Erstere nicht duldet, daß der äußere Schein der Ehrerbietung gegen sie verletzt werde, so setzt sie doch nur eine gewisse Ritterlichkeit des anderen Geschlechts an die Stelle der Sittlichkeit und ist darum noch lange keine „Hüterin der Sitte", soweit darunter Moralität gemeint ist.

Der Apostel Paulus sagt zwar: „Niemand hat jemals sein eigen Fleisch gehasset, sondern er nähret es und pfleget sein." (Epheser 5, 29). Aber diesen Ausspruch haben schon die fanatischen Selbstpeiniger aller Religionen zu schanden gemacht; und ebenso thun es

---

Wie wohl sprach man von ihnen doch
Als man die Schicklichkeit an ihnen sah!
Nun sieht man wohl,
Daß mit Unziemlichkeit man ihre Minn' erwerben soll.

Wenn mit Frauen ich verkehr',
Ist meine allergrößte Klage dies:
Je mehr ich Zucht und Anstand übe,
Je wen'ger Würdigung wird mir zu Theil.
Sie bieten Schmach dem eig'nen Leib!
Desgleichen thut nicht ein verständig Weib,
Sie schämt sich deß, wenn Weibes Scham sie irgend kennt.

Reines Weib und guter Mann,
Sie soll'n, wo sie nur sind, glückselig sein.
Wenn ich denselben dienen kann,
Das thu' ich gern, daß sie gedenken mein.
Hiermit verkünd' ich Allen dies:
Wo nicht die Welt bald besser wird,
So will ich leben
Wie ich am besten mag, und meinen Sang aufgeben.

tausende und aber tausende von Frauen immer noch täglich, indem sie gleichfalls Märtyrerinnen eines Wahnes sind, nämlich: daß des Weibes Größe in ihrer Schwachheit bestehe und daß sie zum Dulden, nicht zum Handeln bestimmt sei. Demuth aber ist nicht gleich mit Schwäche, und Selbstachtung nicht gleich mit Hochmuth. Die Erfahrung lehrt vielmehr, daß die nöthige Selbstachtung auf Seiten der Frau ihr die Achtung des Mannes und damit weit eher ein dauerndes eheliches Glück sichert, als charakterlose Unterwürfigkeit.

Durch nichts verletzt jedoch das Weib die Würde nicht nur des eigenen Geschlechts sondern auch die der eigenen Person so tief, als durch die ungleichen Voraussetzungen und Bedingungen, unter denen sie gewöhnlich in die Ehe tritt.

Eine Bemerkung der Mrs. Jameson über Chateaubriand's Memoiren möge hier eine Stelle finden.

„Ch. erzählt uns, daß er dem dringenden Zureden Seitens seiner Mutter und seiner Schwestern, sich zu verheirathen, festen Widerstand entgegengesetzt habe, weil es ihm dazu noch nicht an der Zeit schien. Mit merkwürdiger Offenheit sagt er: Ich fühlte mich garnicht zum Ehemann geeignet; alle meine Illusionen waren noch rege, meine Lebenskraft war ungeschwächt, das Vollgefühl meines Daseins sogar noch erhöht durch Leibesübungen ꝛc. — So ist also nur eine existence épuisée das Theil, welches der Ehegattin zugebracht werden soll? Eine vergeudete Jugend, eine verbrauchte Lebenskraft soll die Verfassung abgeben, aus der ein guter Ehemann hervorgeht? Ch., welcher sich an vielen Stellen seines Buches auf seine Moralität beruft, scheint gar kein Bewußtsein davon zu haben, was für einer tief unmoralischen Anschauung er hier Worte verliehen hat!"

Nun, der christlich-germanische Geist hat nicht verhindert, daß derartige Anschauungen auch unter uns deutschen Wurzel gefaßt haben. Denn es giebt genug deutsche Männer und Frauen, welche, wie die Franzosen die Ehe als das „Invalidenhospital der Liebe" betrachten.

Der Frauenverächter B. Goltz sieht in der Ekellosigkeit der Frauen gegenüber gewissen Lastern des männlichen Geschlechts eine Naturökonomie, die ihm als eine Güte des Himmels rührend und dankenswerth erscheint (!) „Oder wie sollte es denn werden, meint er, wenn die Frauen mehr guten Geschmack in der Liebe bewährten, als wir wirklich von ihnen in Anwendung gebracht sehen?" Als ob es sich hierbei nicht um etwas Höheres handelte, als um den guten Geschmack!

Wie ganz anders klingt dagegen die Mahnung des wahren Frauenverehrers und Minnesängers Walther von der Vogelweide:

„Ich stecke dieses Ziel den Frauen:
Die meinem Rathe will vertrauen,
Die wisse wohl, wohin sie kehre,
Ihren Preis und ihre Ehre,
Und welchem Manne sie bereit
Mit ihrer Lieb und Würdigkeit,
Auf daß sie nimmermehr gereue
Ihrer Keuschheit, ihrer Treue."

Aber seine Stimme verhallt wie die eines Predigers in der Wüste; wer hört auf sein Wort? Die Tageshelden der Feder reden anders zu den Frauen und sie finden Gehör bei denselben.

Es giebt so manches unerfahrene Mädchen, welches für die schöne Lebensaufgabe schwärmt, einen Don Juan zu bekehren, einen Tannhäuser durch ihre Liebe emporzuziehen aus dem Schlamm der Sünde. Und es giebt zahlreiche welterfahrene Jungfrauen, die da sagen es gäbe keinen tugendreinen Mann; wollte man nur einen

solchen zum Ehegatten nehmen, so müßte das Heirathen
überhaupt ganz aufhören. Doch „wer nicht an Tugend
glaubt, hat selber keine"*) und

„Der Liebe Glück, so himmlisch, so schön,
Kann nie ohne Glauben an Tugend bestehn."**)

Im seltsamsten Gegensatz zu dem Mangel an Zart=
gefühl bei den „keuschen" Frauen steht der ekle Stolz
der „unkeuschen" Männer, was den Punkt weiblicher
Unschuld betrifft.

Die Auslassungen des Berliner Schriftstellers
und Theaterrecensenten, Eugen Sierke***), bieten ein so
treffliches Beispiel hiefür und zugleich eine so charak=
teristische Probe von der Denkweise der großen Menge,
daß ich nicht umhin kann, sie hier wiederzugeben. Bei
der Besprechung des Dramas „Denise" von Alexander
Dumas d. J., welches die Entsühnung eines gefallenen
Mädchens durch eine spätere Liebe und Ehe zum Ge=
genstande hat, schreibt der Berichterstatter u. A.: „Ebenso
wenig, wie der weit strenger entwickelnde Hebbel im
Stande gewesen ist, beim Publikum die Seligsprechung
seiner Büßerin zu erwirken, wird Dumas dies erreichen.
Denn mag er noch so eifrig mildernde Umstände ins
Treffen führen; über den psychologischen Widerspruch,
daß eine Sünderin aus Liebe nicht einem zweiten Manne
dieselbe heilige Flamme, sondern höchstens Dankbarkeit
und Verehrung entgegenbringen kann, kommt er nicht
hinweg, er mag noch so listig die Worte und Defini=
tionen drehen, mit denen er an die jungfräuliche Wieder=
geburt der Liebe Denisens glauben machen will.†)

---

\*) Lessing.
\*\*) Körner.
\*\*\*) Tägliche Rundschau, den 17. Januar 1886.
†) Die jungfräuliche Wiedergeburt der Liebe ist bei einer
Wittwe z. B. gerade so unmöglich wie bei einer Gefallenen; es

Der Zuschauer schüttelt den Kopf und sagt sich dennoch: entweder hat sie sich dem Ersten aus Liebe geopfert, dann ist sie einer zweiten Liebe nicht mehr fähig; oder sie that es aus Leichtsinn, dann ist sie eine unserer Theilnahme Unwürdige und die Eingehung einer neuen (?) Ehe unter dem Vorgeben der Liebe ein schändlicher Betrug. An diesem Dilemma scheitert überhaupt jeder Versuch einer Rettung des Magdalenenthums.*)

Zwar steht geschrieben: „Wer sich frei von Schuld fühlt, werfe den ersten Stein auf sie", und der Heiland neigte sich in erbarmender Liebe zu der Unglücklichen;**) aber von da bis zur Ehe ist ein gewaltiger Sprung, den ein Mann von sittlichen Grundsätzen nie und nimmer unternimmt. Es giebt keinen schneidenderen Gegensatz zwischen der sittlichen Frivolität des französischen und der sittlichen Strenge des deutschen Empfindens als den hier sich offenbarenden. Was

---

fragt sich nur, ob vor der „Leuchte des kritischen Verstandes" jener Urtheilsspruch bestehen kann, der ein unerfahrenes Mädchen, welches liebte oder zu lieben glaubte und sich einem ihr Liebe vorspiegelnden Manne hingegeben hat, mit dem Kainszeichen der Sünderin stempelt, dagegen einer lebenslustigen, gemüthlosen Wittwe, welche lediglich aus selbstischen Gründen sich wieder verheirathet, das Prädikat der Achtbarkeit ungeschmälert beläßt.

*) Wenn ein leichtsinniger Charakter nicht durch Schmerz geläutert, nicht durch Dankbarkeit und Verehrung für seinen Erretter gefestigt werden kann, dann haben freilich Moralisten wie E. Sierke Recht.

**) Die eigenen Widersprüche bleiben dem Herrn Kritiker verborgen. Wie? Eine durch fast kindlich arglosen Leichtsinn zu Fall gekommene Sünderin (wie D. sie gezeichnet hat) ist unserer Theilnahme nicht würdig, während der Heiland einer Ehebrecherin, also einer weit Schuldigeren, sein Erbarmen zuwendet? Können wir denn einen Heiland brauchen, der uns das Beispiel unmännlicher Charakterlosigkeit und verwerflicher Grundsätze giebt?

hätte denn die tugendhafte Frau vor der leichtsinnigen voraus, wenn Beiden der gleiche Preis der Ehe zuständo?"

Also: des deutschen Mannes streng sittliches Empfinden, welches ihn zwar nicht verhindert, sich an und mit einem weiblichen Wesen zu versündigen und dasselbe hernach seine Verachtung fühlen zu lassen, fordert unbedingt von ihm, daß er zu seiner Lebensgefährtin nur ein Weib erhebe, deren Ruf und Wandel keinen Flecken aufweist! Und die Berechtigung zur Ehe ertheilt er diesem Weibe als Belohnung für ihre Keuschheit; sie soll erhöht werden durch eine Verbindung, in welcher sie dem Gatten oft nicht einmal die Liebste unter seinen Geliebten ist!

Denn hören wir nur, wie sich der nämliche Kritiker und Moralprediger über das französische Lustspiel „Clara Soleil" von E. Goudinet ausspricht, welches lange ein Zug- und Kassenstück mancher Theater bildete. Er erwähnt zuerst lobend, daß der Verfasser, nachdem er bisher nur leichtfertige Machwerke geliefert, in diesem Stücke einen „sittlichen Anlauf" genommen habe, indem er in glücklicher, satirischer Weise die bekannte Lebenswahrheit behandelt, daß die gewaltsam anerzogene Tugend ohne sittlichen Halt im Charakter in der Ehe viel schlimmer sei, als der durch die Schule der Erfahrung hindurchgegangene und zur Solidität gereifte Leichtsinn.

„Es ist besser, einen Gatten zu haben, der bereits ausgetobt hat, als einen, der niemals genossen und deshalb immer Appetit zum Naschen hat, sobald er nicht unter Aufsicht steht." Das etwa ist die Schlußmoral, die zwei auf die Reinheit und Sittenstrenge ihrer Männer stolze junge Frauen am Schlusse erkennen lernen, nachdem sie ihre für keusch und gegen alle Verführung für unnahbar geglaubten Männer auf allerhand verfänglichen Abenteuern ertappt haben, die sich hart an der Grenze verzeihlichen Leichtsinns bewegen."

Das also nennt der Berichterstatter eine sittliche Lebenswahrheit? Er, der die Reinheit und Unschuld des Weibes dort mit so großem Nachdruck fordert, schlägt hier derselben höhnend ins Gesicht, indem er zu verstehen giebt, daß dem Manne außerhalb der Ehe ein weit verlockenderer Sinnengenuß geboten wird, indem er sich ferner über die Enttäuschung der beiden zuversichtlichen jungen Frauen köstlich amüsirt und deren sittliche Empörung\*) über die Verführungskünste einer pikanten Chansonette=Sängerin als weibliche Prüderie bezeichnet!

Unter den „in klösterlicher Askese erzogenen Normalmenschen", von denen er spricht, die „unter dem dünnen Sittlichkeitsfirniß tantenhafter Pädagogik ein recht bedenkliches Maß geheimer Lüsternheit nach verbotenen Früchten hervorschimmern lassen", dürften sicherlich mehr als neunzig Prozent Frauen zu finden sein, da an ihnen vorzugsweise solche Pädagogik geübt wird. Wenn Herr Sierke nun als radikales Heilverfahren gegen das versteckte Uebel den jungen Männern das „Austoben" empfiehlt, warum will er dem schwachen Geschlecht nicht auch gestatten, durch Straucheln Charakterfestigkeit, durch Leichtsinn Solidität zu erlangen?

Weil dies „dem leicht verletzbaren Weibe unvertilgbar entstellende Spuren zurücklassen würde", das heißt gerade herausgesagt: weil das Weib nach der geringsten Berührung nicht mehr jene Beschaffenheit hat, welche der Herr der Schöpfung von seiner Gattin verlangt! Eine Sittenlehre aber lediglich auf physiologische Rücksichten begründen, heißt, jeden Begriff von höherer

---

\*) Hier braucht er sein Lieblingswort einmal in wegwerfendem Sinne.

Sittlichkeit mit Füßen treten. Die „bekannte Lebens=
wahrheit", daß nur der Mann durch Verirrungen geläutert
werden könne, wird nur Derjenige anerkennen, dessen
ethische Anschauungen auf der „bekannten" falschen Lehre
von dem totalen Gegensatz der Geschlechter fußen. Denn
wer einmal angenommen hat, daß der Mann ein Thier
sein darf und das Weib ein Engel sein soll, der wird
sich auch nicht weiter an das Paradoxon stoßen, daß
des Weibes Reinheit die alleinige Bürgschaft ehelichen
Glückes bilden könne, auch wenn des Mannes Lebens=
gewohnheiten diese Reinheit beständig verletzen, und daß
ein geordneter Gesellschaftszustand bestehen solle, so lange
der Mann zur Immoralität aufgefordert wird und ihm
dazu alle Thore geöffnet, alle Wege geebnet werden.*)

Noch niemals habe ich bisher von einem jener
Sophisten Aufschluß erhalten über die Frage, wie denn

---

*) Welch einen Sturm der Empörung, welch eine Fluth
von Spottreden hat Björnstjerne Björnsons Schauspiel „Ein
Handschuh" bei der von „moralischen" Grundsätzen durchdrungenen
Männerwelt erregt! Es richtet sich bekanntermaßen gegen die
weitläufige Ansicht, daß bei der Eheschließung die Frau dem
Manne die unbefleckte Reinheit sowohl ihres Vorlebens als ihrer
Zukunft schuldig sei, der Mann dagegen der Frau nur diejenige
seiner Zukunft. Ed. v. Hartmann sagt dazu: „Ein Mann,
welcher gegen das geschlechtliche Vorleben des zu wählenden
Weibes gleichgültig ist, macht sich verächtlich; ein Weib aber,
welches ohne Zweifel an der Ehrenhaftigkeit eines Bewerbers
daran Anstoß nimmt, daß er schon vor der Bewerbung um sie
geschlechtlich activ war, macht sich lächerlich. Wäre der Mann
nicht geschlechtlich activ, so würde er sich an der Freundschaft
mit Frauen genügen lassen und höchstens noch aus äußerlichen,
nicht zur Sache selbst gehörigen Motiven zur Ehe sich entschließen;
jedes feinfühlige (?) Weib sträubt sich aber mit Recht dagegen,
bloß aus solchen äußeren Motiven zur Ehe begehrt zu werden."

Abgesehen davon, daß H. die grundverkehrten herrschenden
Begriffe von männlicher Ehrenhaftigkeit und weiblichem Zart=
gefühl theilt, ist seine Beweisführung auch hier wieder eine ganz
falsche. Denn der Geschlechtstrieb an sich bewegt zwar manchen

eigentlich der Phantasiereiz, den die Unberührtheit der Jungfrau auf den Mann ausüben soll, mit jenem anderen, jedenfalls weit stärkeren Reize zusammenstimmt, der ihm den Umgang mit „den gefälligen Priesterinnen der Mysterien der Liebe so viel angenehmer, bequemer und erfrischender macht", als das mühsame Werben um die Gunst der ersteren; „ein Reiz, dem auch der solide Mann sich nicht zu entziehen vermag", wie Bog. Goltz sagt. Dieser Reiz verbleibt ihm, weil er stets erneuert werden kann; der erstgenannte schwindet so schnell wie der holde Wahn, der mit dem Gürtel, mit dem Schleier zerreißt, und was bleibt der ehrbaren Frau dann übrig?

„Des Mannes Achtung", belehrt man uns.

Gut; wir wollen diese Achtung einmal bei Lichte besehen.

Ist den allermeisten Männern die Lebensgemeinschaft mit einem keuschen Weibe etwa ein Herzensbedürfniß, das mit ihrem sittlichen Empfinden zusammenhängt? Durchaus nicht! Sondern, wenn ein Mann von freien Sitten und wüstem Wandel gewöhnlich ein unbescholtenes Mädchen zur Ehefrau begehrt, so geschieht es, weil seine Standes- oder Familienehre dies erheischt, hauptsächlich aber, weil er für seine eheliche Nachkommenschaft eine Mutter braucht, deren gesundes Blut einer Uebertragung der Folgen seiner Ausschweifungen auf die Kinder möglichst entgegenwirken kann. Das Weib der mittleren und höheren Stände hat demnach oft die Bestimmung,

---

Mann zur Eheschließung, läßt ihn aber, ebenso wenig wie alle anderen gedachten Motive, das Weib um ihrer selbst willen erwählen, wenn nicht Herzensneigung damit verbunden ist. Sie gilt ihm dann nur als Vertreterin ihres Geschlechts. Und kann H. etwa leugnen, daß die Ungebundenheit der Lebensführung im ledigen Stande eine große Zahl von Männern abhält, sich überhaupt zu verheirathen?

wie ein gutes Zuchtthier zur Verbesserung der Race zu dienen, insofern und inwieweit dem Manne an der Erhaltung seines Stammbaumes gelegen ist.*)

Der „solide" Mann braucht andererseits zur Führung eines geordneten Hauswesens eine regelrecht erzogene, zuverlässige Gehülfin, deren Besitz er sich, wenn sie ihm lieb ist, durch keinen Eifersucht erregenden Rückblick, keinen Argwohn verstören lassen möchte. Liebt er sie nicht, oder wird sie ihm überdrüssig, so zieht er leicht unsolide Saiten auf und sucht anderwärts Zerstreuung und Abwechselung.

„Die geistlosen, die rein wirthschaftlichen Weiber verrichten ihre mittelmäßige Schuldigkeit mit so viel langweiliger Virtuosität, daß ein Mann von gewecktem Geiste sich nach einem Verhältniß umsieht, in welchem die Werkeltagstugenden mit ein wenig Witz und Phantasie, die phlegmatische Gemüthsruhe mit einigen Schmeckproben von Affecten versetzt sind." So hören wir nicht nur den lockeren B. Goltz im Namen einer Heerschaar gleichgesinnter Männer sprechen, sondern auch der sentimentale Jean Paul stimmt denselben Ton an: „Es wird einem Manne überhaupt bei einer vernünftigen Frau nie recht wohl, sondern bei einer blos feinen, phantasirenden, heißen, launenhaften ist er erst zu Hause." Daß eine solche wohl zum Zeitvertreib, aber weder zur Hauswirthin noch zur Erzieherin der Kinder taugt, weiß Jean Paul so gut wie jeder Andere.

Was hat denn nun die arme pflichttreue Hausfrau, nachdem sie den „Preis" der Ehe errungen, vor der geistvollen Buhlerin voraus, wenn es mit der Achtung ihres Ehegefährten nicht' besser bestellt ist?

Mit Ausnahme des Auszunehmenden sind die

---

*) „Man liebt schöne Frauen aus Neigung, häßliche aus Interesse und tugendhafte aus Vernunftsgründen". (Ancelot.)

— 15 —

Zustände, wie sie bei uns in Gesellschaft und Familie vorherrschen, nicht so geartet, daß der deutsche Mann sich ob seiner einseitigen, (nur das Weib betreffenden) Sittenstrenge viel zu gute halten und mit Pharisäerstolz auf das verrottete Nachbarland herabblicken dürfte. Auch ist vielleicht die Zeit noch fern, da das deutsche Weib mit wohlbegründeter Genugthuung sich ihrer hohen socialen Stellung wird erfreuen können.

Bevor man also den Stab bricht über die Weltauffassung eines A. Dumas, möge man etwas gründlicher prüfen, ob von den Machwerken so mancher deutscher Schriftsteller der Gegenwart nicht ein stärkerer „Pesthauch sittlicher Fäulniß" ausgeht, als von denen dieses Franzosen. Hat D. vielleicht in „Denise" sein aufgestelltes Problem nicht glücklich gelöst, so ist er doch weit davon entfernt, den Werth weiblicher Keuschheit gering zu schätzen, oder den Verlust jungfräulicher Unschuld als etwas Gleichgültiges zu behandeln. Er verdammt den Mißbrauch des Weibes in und außer der Ehe aufs Strengste und verlangt zur Aufrechterhaltung der gesellschaftlichen Ordnung, daß auch der Mann sich allen Geboten des Sittengesetzes unterwerfe. Und damit steht er entschieden auf einem höheren Standpunkt, als viele deutsche Sophisten, welche die Immoralität unterstützen unter dem Vorgeben, das Gegentheil zu thun.

In einer höchst merkwürdigen Abhandlung, „L'homme - femme"*) betitelt, welche von A. Dumas dem Jüngeren in Folge eines Scheidungsprozesses zur Beantwortung der Frage: Soll der Ehebrecherin verziehen werden? verfaßt wurde, legt derselbe einen sehr nachdrücklichen Protest gegen die französischen Ehegesetze

---

\*) Dieses Wort bedeutet nicht etwa „Mannweib", sondern den Begriff des vollendeten Menschenthums, welches Mann und Weib vereinigt darstellen.

ab und gründet seine Hoffnung auf eine Wiederher=
stellung des Familienlebens auf die richtigere Behandlung
und bessere Erziehung der Frauen. Natürlich muß der
deutsche Leser davon absehen, daß der Autor überall
nur französische Zustände und Bräuche im Sinne hat;\*)
auch wird sich nicht Jeder mit der etwas seltsamen,
aus dem dritten Kapitel der Genesis hergeleiteten und
der ganzen Abhandlung zu Grunde gelegten Ansicht
befreunden: daß das Weib der Selbstleitung so wenig
mächtig sei, wie das Kind, und daß der Mann, weil
er als das vernünftigere Wesen die Pflicht habe, sie
durch Lehre und Beispiel auf den rechten Weg zur Er=
kenntniß ihrer Aufgabe zu führen, darum auch für die
meisten ihrer Vergehen verantwortlich zu machen sei.

Abgesehen hiervon ist das Buch von hohem sitt=
lichen Werth. Auch D. räth dem Manne, daß er sich
ein keusches, frommes, thätiges und gesundes Weib zur
Gattin erwähle, aber er fordert von ihm, daß er sich
eines solchen Hausschatzes zuvor würdig gemacht habe.
Ich setze den diesbezüglichen Abschnitt hierher:

„Wenn ich einen Sohn hätte, so würde ich ihn an
dem Tage, da er sein einundzwanzigstes Lebensjahr voll=
endet, auf meinen besonderen Berg führen und ihm
folgende Predigt halten:

Ich habe Dich, mein geliebtes Kind, nach den Lehren
der Bibel und in der Moral des Evangeliums erzogen.
Ich habe dir bezeugt, daß es einen einigen Gott gebe,
den ich dich bewundern und anbeten lehrte; ich habe
deinem Verständniß klar gemacht, was ein Vater und
eine Mutter ist und was du ihnen schuldest; ich habe

---

\*) So wird z. B. vorausgesetzt, daß die Mädchen so frühe
wie möglich von der Schwelle der Klosterschule hinweg heirathen,
oder zeitlebens unter der Obhut ihrer männlichen Verwandten
und ihres Beichtigers bleiben. Bei Ehefrauen jedoch soll nach
D.'s Willen jeder Einfluß des Letzteren ausgeschlossen sein.

dich gehindert, Anderen zu thun, was du nicht willst, daß sie dir thäten, und dich gelehrt, deinen Nächsten, wenn nicht zu lieben — denn das erreicht sich nicht ohne Weiteres — so doch zu achten wie dich selbst und ihm nach Kräften beizustehen. Du hast nie fremdes Gut genommen, nie dem Wort gebrochen, und wenn du einmal durch das Weib eines Anderen in Versuchung geführt wurdest, so hast du durch die Kraft deines Willens die Versuchung überwunden.

So stehst du nun fromm, keusch und in der Vollkraft deiner Gesundheit im Angesicht der Liebe und der Ehe. . Wenn du das Bedürfniß fühlen wirst, zu lieben und geliebt zu werden, nicht nur mit dem Herzen, sondern auch mit den Sinnen, und wenn du, wie so viele andere größere Männer, glaubst, die Liebe mit deinem Mannesberuf vereinigen zu können, dann suche sie nirgends anders als in der Ehe, weil nur in dieser Achtung zu finden ist. Denn die Liebe ohne Achtung vermag weder weit zu gehen noch sich hoch zu erheben; sie ist ein Engel, der nur einen Flügel hat.

Doch du wirst in deiner Umgebung oft sagen hören, daß ein Mann von Bildung vor seiner Heirath andere Frauen gekannt haben muß, sei es auch nur, um nicht unvorbereitet, linkisch und lächerlich vor derjenigen zu erscheinen, die er freien wird.

Solche Reden sind unwahr. Nicht durch den physischen Besitz lernt man die Frauen kennen. Je mehr sie außer der Ehe ihren Leib preisgeben, desto mehr bewahren sie das Geheimniß ihrer Seele. Ein Weib hat ihrem Liebhaber immer etwas zu verbergen.

Außerdem können die Frauen, welche du auf diese Art kennen lernst, entweder nur unehrbare sein, welche dich irreführen, oder ehrbare, welche di vom rechten Wege ablenkst. Die Ersteren werden dich die Frauen, die Letzteren dich selbst verachten lehren. Wenn du als lediger oder verheiratheter Mann einem Weibe

begegnest, das gefallen ist, so trachte darnach ihr aufzuhelfen\*); siehst du eine in der Hoheit ihrer Unschuld, so versuche niemals sie herab=
zuziehen. Es ist nichts Köstlicheres auf Erden, denn ein keusches Weib. (Sirach 26, 19 und 20.)

Jeder Mann, der sein häusliches Leben nicht in Uebereinstimmung bringt mit den Grundsätzen, die er aufstellt, oder Anderen vorschreibt, ist ein Heuchler, oder ein Irrsinniger, dem man den Rücken kehren soll …

Sei demnach selbst so untadelig, wie du von deiner Lebensgefährtin verlangst, daß sie es sei, um ihr keinen Kummer zu bereiten und keinen Grund zur Rechtferti=
gung eigener Fehltritte zu geben. Weihe sie würdig in ihre menschliche und göttliche Bestimmung ein, damit sie, falls du sterben solltest, bevor deine Kinder selbstständige Wesen geworden, Niemand anderes zu ihrer Erziehung bedarf, sondern sich zur Ausübung des väterlichen und mütterlichen Berufs aufschwinge, dem höchsten Stand=
punkt, den das Weib bei richtiger Entfaltung ihrer Gaben erreichen kann\*\*)."

Diese Bergpredigt könnte füglich allen deutschen Müttern in den Mund gelegt und als Mahnwort allen deutschen Jünglingen mit auf den Weg gegeben werden. Wie unabsehbar viel Unheil würden die Mütter verhüten, wenn nicht ihrer so viele in verkehrter Schamhaftigkeit diesen hochwichtigen Punkt mit ihren heranwachsenden Söhnen zu besprechen vermieden, oder denselben mit unverantwortlicher Leichtfertigkeit behandelten\*\*\*)!

---

\*) Ohne den Beistand eines vernünftigen und mildherzigen weiblichen Wesens würde dies wohl immer ein bedenkliches Wagestück für den Mann sein!

\*\*) Mit diesem Zugeständniß widerruft D. also seine Be=
hauptung von der beschränkten Zurechnungsfähigkeit des Weibes.

\*\*\*) Noch wirksamer als alles Predigen, alles Philosophiren, ja als die abschreckendsten Schilderungen ist der unmittelbare

Sehen wir nunmehr zu, wie sich das Eheleben bei dem leuchtenden Vorbilde aller Nationen, dem deutschen Volke unter den besprochenen Voraussetzungen und Ansichten gestaltet.

Um nicht mißverstanden und als Pessimistin verschrieen zu werden, versichere ich zuvor ausdrücklich, daß mir verhältnißmäßig viele Ehen, wenn nicht als beglückend, so doch wenigstens als zufriedenstellend für die Betheiligten bekannt sind, d. h. so weit ich sie von außen zu beurtheilen vermag. Ich habe gefunden, daß die Handlungsweise mancher Menschen besser ist als ihre eigenen Grundsätze; mit derartigen Ausnahmen aber hat sich diese Schrift nicht zu befassen, sondern mit den allgemein zu Tage tretenden Folgen allgemeiner Grundanschauungen.

Die meisten Frauen haben keine Ahnung von den bestehenden Ehegesetzen und verheirathen sich, ohne zu wissen, was ihnen auferlegt wird und vorkommenden Falles bevorsteht oder zusteht. Es ist in ihren Augen nur Sache des Mannes, sich mit den Landesgesetzen bekannt zu machen; sie kennen nur die Gesetze der Gesellschaft oder die der öffentlichen Meinung. Nach diesen ist die Heilighaltung der Ehe für das Weib ein

---

Anblick der Folgen des Lasters. Ein weiser Vater, der es mit der sittlichen Erziehung seines Sohnes ernst meinte, führte denselben, da er, kaum aus dem Knabenalter getreten, bereits unkeusche Neigungen verrieth, in ein Hospital und zeigte ihm eine Reihe jener Kranken, welche sich durch ihre Ausschweifungen schwere, ekelhafte und unheilbare Leiden zugezogen hatten. Die Eindrücke, die der Jüngling hier empfing, blieben ihm ein unauslöschlicher Denkzettel für sein ganzes Leben. (J. J. Rousseau, Emile.)

Das Beispiel dieses Vaters verdient allgemeine Nachahmung. Oder ist es besser, daß man die jungen Leute erst durch ungehemmten Lebensgenuß, der so viele nicht nur in's Hospital, sondern in's Grab bringt, sich den Ekel und Ueberdruß am Laster holen läßt?

strenges, unverbrüchliches Gebot, dessen Uebertretung sie der Verachtung preisgiebt, für den Mann eine Verbindlichkeit, deren Verletzung in sein Belieben gestellt ist und wenn auch getadelt, so doch nicht sonderlich schwer geahndet wird. Er ist dem Jagdhunde, sie dem Kettenhunde vergleichbar. Zwar wagt der Jagdhund sein Leben, wenn er sich einfallen läßt, in ein fremdes Revier einzudringen; doch bleibt ihm ohnedies Spielraum genug übrig, um seinem Gelüste nachzugehen. Wehe aber dem Kettenhunde, der seine Fessel zerreißt!

Die Ehe ist ihrem Wesen nach ein **natürlich-politisch-sittliches Rechtsinstitut**, welches in allen diesen Beziehungen ausnahmslos beiden Gatten die gleichen Verpflichtungen auferlegt. Aus der Lehre von der natürlichen Grundverschiedenheit der Geschlechter wird nun aber wiederum gefolgert, daß die Ehe für den Mann in der Hauptsache staatsbürgerliche, für die Frau moralische Verpflichtungen in sich schließe; und dieser Folgerung verdanken wir die beklagenswerthe Verzerrung der moralischen Begriffe, welche unser Familien- und Gesellschaftsleben wie ein Sauerteig durchdringt.

In J. G. Fichtes Deduction der Ehe\*) werden wir geradezu belehrt, daß das „Ja" des Mannes bei der Trauung keinen anderen Sinn habe, als den der öffentlichen Erklärung, daß er fortan der Versorger, Vormund und Rechtsvertreter seines erwählten Weibes, ihr Bürge bei dem Staate sein wolle, während das Ehegelübde des Weibes deren unbegrenzte Unterwerfung unter den Willen des Mannes bedeute, nicht aus einem juridischen, sondern aus einem **moralischen** Grunde. Sie verzichte von nun an darauf, eine selbst-

---

\*) Grundlage des Naturrechts nach Prinzipien der Wissenschaftslehre.

ständige Persönlichkeit zu sein und vom Staate die Rechte einer solchen in Anspruch zu nehmen\*)!

Dieser Auffassung gemäß schließt also der Mann bei seiner Verheirathung nur einen bürgerlich=rechtlichen Vertrag, für dessen Einhalten er dem Staate verantwortlich ist; moralische Verpflichtungen gegen sein Weib übernimmt er damit nicht.

Es steht zwar im Gesetz geschrieben: „Ehegatten sind verpflichtet, ein gemeinschaftliches Leben zu führen und sich die eheliche Treue zu bewahren." Und so geloben auch Bräutigam und Braut bei der kirchlichen Einweihung ihres Bundes, und zwar jeder Theil besonders: daß er die Ehe mit dem anderen einig und unverbrüchlich halten wolle sein Leben lang.

Doch der stolze Spruch „Ein Mann, ein Wort" gilt leider nur für die Beziehungen der Männer unter

---

\*) „Damit die Frau jene Mission der Liebe erfüllen könne, die man als ihre Bestimmung aufzufassen geneigt ist, muß sie nothwendig ein Recht besitzen. Vom moralischen, vom religiösen Standpunkte aus ist die Frau nicht mehr und nicht weniger als der Mann, nur anders vielleicht als dieser, ein Mittel zum allgemeinen Wohl, welches das eigene Wohl einschließt.

Juridisch ist sie ihr eigener Zweck, ist sie Person. Sie ist eine Person, denn sie hat Pflichten. Diese ihr abzusprechen, fällt weder der Gesellschaft noch dem Gesetze ein; nun kann aber Pflicht nicht gesondert vom Rechte bestehen: die Pflicht schließt jedenfalls wenigstens das Recht ein, diese Pflicht zu erfüllen. Der Begriff der Persönlichkeit überhaupt wurde nicht immer scharf abgegrenzt und die Rechtspersönlichkeit der Frau wird von Gesellschaft und Gesetz nur mit Einschränkungen anerkannt, die ihre praktische Bedeutung merklich herabsetzen; wenn aber auch vom psychologischen oder vom biologischen Standpunkte aus irgend ein Individuum als mehr oder weniger Person aufgefaßt werden mag: der juridische Begriff der Person verträgt eine derartige Abstufung nach der Qualität nicht. Der entgegengesetzte Begriff ist derjenige der Sklaverei. Diese ist die Einrichtung, gemäß welcher die von Natur aus Personen Seienden rechtlich die Eigenschaften einer Sache erhalten."

Charles Secrétan. Das Recht der Frau.

einander; dem Frauengeschlecht gegenüber verliert er seine Bedeutung. Während im gewöhnlichen Leben **jeder** Vertrag für bindend und ein offener Bruch oder ein trügerisches Umgehen desselben als schandbar und ehrenrührig erachtet wird, scheuen Tausende von Männern sich nicht, den **Meineid der Treue** vor dem Traualtar (oder vor dem Standesamt) zu schwören, weil **diese** Art des Treubruches ihre bürgerliche Ehre nicht befleckt. In den höheren Gesellschaftsschichten kann ein Mann aus den nichtigsten Gründen (um eines ausgeschlagenen, unwürdigen Zweikampfes oder einer Spielschuld willen) seine ritterliche Ehre einbüßen, aber wenn Einer die heiligste Pflicht gegen das ihm am nächsten stehende Wesen vergißt, oder gar das Weib eines Anderen zur Pflichtverletzung verleitet, so bleibt er immer noch ein Ehrenmann!

Denn was versteht die Welt unter Mannestreue?

B. Goltz meint einen edlen Zug männlicher Treue zu schildern, wenn er sagt, daß Jeder das „Idealbild" seiner Gattin, so wie es ihm im poetischen Schimmer der Jugend während der Flitterwochen oder Flitterjahre erschienen, dauernd im Herzen trage; es sei dann gleichsam ein goldgeschmücktes Madonnenbild, welches, in einem Altarschrein verwahrt, nur an hohen Festtagen dem Blicke des Gläubigen erschlossen wird, während für die mechanische und handwerksmäßige Alltagsandacht ein minderwerthiges Heiligenbild (die gegenwärtige Gattin) vor dem ersteren stünde, mit welchem er halb profan verkehre. „Und wenn dieses Werktagsbild endlich alt und unscheinbar geworden ist, so werfen wir es in die heilige Polterkammer, oder hängen es in einem Winkel des Herzenstempels auf, sobald ein **neues** Bild bequemlicher- und annehmlicherweise zu haben ist. Das Idealbild der Gattin aber verlischt nur in gemeinen Seelen. Wer einen Augenblick heilige

Liebe empfand, nimmt diese Empfindung und das Bild, mit welchem sie verbunden ist, in jene Welt."

Wenn dies eine edle Empfindungsweise sein soll, wie ist dann die unedle beschaffen? Und es melde sich nur einmal der Mann, der sich selbst für gemein hält!

Nach obiger Ansicht genießt also die Ehefrau genug der Hochachtung und Ehre, wenn sie die Zuneigung des Mannes mit dessen Buhlerin noch einigermaßen theilen darf und nicht um der letzteren willen verlassen oder aus dem Hause gedrängt wird!

Andere Ehemänner, welche weniger Herzensbedürfnisse haben, halten sich durchaus für treu, wenn sie keine außerehelichen Liebesverhältnisse eingehen, jedoch, da sie einerseits ihre Geschlechtslust in der Ehe nicht genügend befriedigen können, andererseits aber der Nahrungssorgen für eine zahlreiche Nachkommenschaft überhoben sein wollen, den Ausweg nehmen, öffentliche Frauenhäuser zu benutzen. In den christlich-germanischen Staaten, welche die Prostitution beschützen, wird ja auch den verheiratheten Männern der Zutritt zu derartigen Anstalten gestattet, angeblich, um einer „Nothwendigkeit" Rechnung zu tragen! Und die Frauen heißen dies entweder gut, oder sie verschließen ihre „züchtigen" Augen, Ohren und Herzen vor jeder Andeutung von dem Bestehen dieser sie selbst herabwürdigenden Gräuel.

Der moralische Philosoph Fichte will von solchen Vorgängen nichts wissen und verlangt, daß sie von Staatswegen ignorirt würden. Um dem Weibe die gebührende Ehre zu erweisen und ihr genügenden Schutz zu sichern, appellirt er an den männlichen Edelmuth. Er stellt den Lehrsatz auf: daß unbegrenzte Großmuth auf Seiten des Mannes, unbegrenzte Liebe auf Seiten der Frau das Wesen der Ehe ausmache.

Wie die sittliche Anlage in der Natur des Weibes sich durch Liebe, so äußert sich die sittliche Anlage in der Natur des Mannes durch Großmuth. Er sieht ein ursprünglich freies Wesen mit Freiheit und unbegrenztem Zutrauen sich ihm unbedingt unterwerfen, sieht, daß sie nicht nur ihr ganzes äußeres Schicksal, sondern auch ihre innere Seelenruhe und ihren sittlichen Charakter, wenn auch nicht das Wesen desselben, doch ihren eigenen Glauben daran, von ihm gänzlich abhängig macht: da ja der Glaube des Weibes an sich selbst und ihre Unschuld und Tugend davon abhängt, daß sie nie aufhören müsse, ihren Mann über alle seines Geschlechts zu achten und zu lieben. — Er will zuerst Herr sein; wer aber mit Zutrauen sich ihm hingiebt, gegen den entkleidet er sich aller seiner Gewalt. Gegen den Unterworfenen stark zu sein, ist nur die Sache des Entmannten, der gegen den Widerstand keine Kraft hat. — Zufolge dieser natürlichen Großmuth ist der Mann durch das Verhältniß mit seiner Gattin zuvörderst genöthigt achtungswürdig zu sein, da ihre ganze Ruhe davon abhängt, daß sie ihn über Alles achten könne. Nichts tödtet unwiederbringlicher die Liebe des Weibes, als die Niederträchtigkeit und Ehrlosigkeit des Mannes."

Schade nur, daß diese Theorien im Studirzimmer ersonnen und nicht aus dem wirklichen Leben geschöpft sind! Denn die natürliche Großmuth ist bei den Männern gerade so selten zu finden, wie bei den Frauen die Selbstachtung. Es giebt unter den Letzteren genug, welche einen Treubruch des Mannes nicht als niederträchtig und ehrlos ansehen, welche „ihre Männer so sehr lieben, daß sie ihnen jedes Vergnügen gönnen" (vorausgesetzt, daß diese es fern vom eigenen Hause suchen), oder welche „so vernünftig sind, daß sie sich in das Unabänderliche fügen."\*) Auch ist bei sehr vielen Jungfrauen der Glaube an ihre eigene Unschuld und Tugend ganz unabhängig von dem, was sie über

---

\*) Solche Reden kann man aus Frauenmunde vernehmen!

ihre zukünftigen Gatten wissen und denken. Sie erklären sich in stillschweigender Uebereinkunft mit den socialen Vorrechten derselben einverstanden und machen sich so von vornherein zu freiwilligen Haremsweibern!

Der Mann aber, der die etwa gefährdete Seelenruhe seiner vertrauensvollen Gattin großmüthig schonen will, ist darum noch garnicht gezwungen achtungswerth zu sein, sondern braucht ihr nur so zu erscheinen, indem er seine unerlaubten Nebenwege sorgfältig ihrer Kenntniß entzieht. So kann es denn vorkommen, daß die Frau eines solchen großmüthigen Mannes, der sie stets auf Händen getragen und ihr alle nur erdenkliche Aufmerksamkeit erwiesen (d. h. sie wie seine Spielpuppe behandelt hat), nach seinem Tode zu ihrer Verwunderung das hinterlassene Vermögen um die Hälfte geringer findet, als sie annehmen zu können glaubte, da es ihr verborgen blieb, daß er einen Theil davon zu Gunsten anderer „Genossinnen" verwendete. Oder es geschieht auch wohl, daß allerhand Leute sich mit Versorgungsansprüchen an die Wittwe wenden, indem sie den Nachweis der bisherigen Unterhaltung durch den verstorbenen Mann beibringen, und ihre unschuldige Seele ahnt nicht, in welch nahen Verwandtschaftsbeziehungen der Letztere zu diesen Menschen stand!

Wenn dem Manne von Jugend auf, sogar von der eigenen Mutter beigebracht wird, daß es seiner Würde keinen Eintrag thue, wenn er ohne Liebe ein Weib zum Werkzeug seiner Lust macht, oder die Rechte und Gefühle eines liebenden Weibes kränkt, dann wird die Großmuth ihn nicht verhindern, dies zu thun sobald es ihn gelüstet. Der Mensch bedarf eines stärkeren sittlichen Halts als allein die Betrachtung: „Ich habe zwar völlige Macht dazu und kann es ohne Schaden für mich thun; aber es ist um Anderer willen besser, wenn ich es nicht thue."

Halten wir uns indessen einmal an die unbegrenzte

Großmuth. Man sollte wohl denken, daß das Wort „unbegrenzt" nur eine einzige Deutung zuließe. Aber nein! Wir werden durch Fichte belehrt, daß die Grundverschiedenheit der Geschlechter auch eine verschiedene Auffassung dieses Begriffes bedinge, je nachdem es auf den Mann oder das Weib bezogen wird.

Nachdem er gesagt, daß der Mann seinem Eheweibe unbegrenzte Großmuth angedeihen lassen müsse, führt er zwei Fälle an, in welchen dieser Großmuth ihre Grenzen vorgezeichnet sind.

Der eine Fall ist: wenn die Frau sich eines groben gesetzlichen Vergehens schuldig macht, in Folge dessen sie eine entehrende Strafe erleiden muß. Zwar ist er vom Augenblick der Eheschließung an ihr rechtlicher Vormund und ihr Bürge in allen das öffentliche Leben betreffenden Dingen geworden, und der Staat hat darauf verzichtet, sie als juridische Person zu betrachten. Aber während sonst in allen anderen Fällen der Bürge für die Schulden dessen haften muß, für den er sich verbürgt, und während das Gesetz unmündige Kinder nicht in gleichem Maße wie Erwachsene bestraft, so unterzieht man die verheirathete Frau einem ausnahmsweisen Verfahren. Wenn sie das Staatsgesetz übertreten hat, so wird sie dadurch plötzlich ein selbstständiges Wesen, der Staat hält sich an ihren Leib und ihr Leben, und ihre Ehe kann sofort gelöst werden.*)

---

*) „Wird sie bei der Criminaluntersuchung nicht schuldig befunden, so tritt sie wieder zurück unter die Botmäßigkeit des Mannes." (Fichte.)

Also erst wird ihre Persönlichkeit aufgehoben, dann holt man sie mit einem Male als persönlich verantwortliches Wesen hervor, um sie zur Rechenschaft zu ziehen, und darnach sinkt sie abermals in das Nichts ihrer Unmündigkeit zurück, etwa wie ein Springteufelchen durch einen Druck aus einer Schachtel heraus und wieder hinein befördert wird. Dies ist der dermalige Stand unserer gesetzlichen Bestimmungen, welche Fichte auf naturrechtliche Grundlage stützen will.

Es steht dem Manne wohl frei, die Gemeinschaft mit diesem entehrten Weibe nach Verbüßung ihrer Strafe fortzusetzen, allein das verträgt sich nicht mit seiner Mannesehre; um der öffentlichen Meinung willen darf er es nicht thun.\*)

Tritt hingegen der umgekehrte Fall ein, so darf die Frau zwar gleichfalls denselben als Scheidungs=grund geltend machen, jedoch ihre Frauenehre er=leidet nicht die mindeste Einbuße, wenn sie bei dem Verbrecher bleibt, im Gegentheil, es wird ihr um so höher angerechnet, weil sie dadurch ihre unbegrenzte Liebe an den Tag legt.\*\*)

Der zweite Fall ist der eines Ehebruchs von Seiten der Frau. Der Mann, welcher die notorische Ehe=brecherin bei sich behält oder wieder aufnimmt, macht sich verächtlich; dagegen darf die beleidigte Frau ohne Beeinträchtigung ihrer Würde dem Ehebrecher verzeihen. Dies ist die allgemeine Ansicht, und Fichte schließt sich derselben an, indem er sagt, daß der Ehebruch des Mannes zwar an Schuld dem des Weibes nichts nach=gäbe, trotzdem aber seinen Charakter nicht tödte und die Ehe, wenn auch zerstöre, so doch nicht völlig ver=nichte, wie der des Weibes.

Aber das Sprichwort: „Wenn die ganze Welt Un=recht hat, so hat die ganze Welt Recht", ist so unwahr

---

\*) Natürlich gilt dies nur für Männer aus denjenigen Gesellschaftsklassen, für welche die Gesetze der ritterlichen Ehre erfunden sind; der gemeine Mann hat nichts damit zu schaffen.

\*\*) In früheren Zeiten durften bekanntlich Jungfrauen dem Tode verfallene Missethäter vom Richtplatze wegholen und zu Ehegatten nehmen, ein Recht, von welchem sie nicht allzuselten Gebrauch machten. Aber nur ein einziger Fall ist überliefert worden, wo das umgekehrte Verhältniß stattfand. „In Nürnberg wurde 1525 eine Kindesmörderin, die gehenkt werden sollte, durch den Henker (also einen unehrlichen Mann) freigeheirathet." Wessely, Deutschlands Lehrjahre, II. Band.

und unbegründet, wie nur eins sein kann. Die öffentliche Meinung ist keine Vertreterin der echten, gesunden Moral, denn wie oft hat die große Mehrheit wohl das Beste erkannt und erwählt? Sie nimmt überlieferte Begriffe und stereotype Ansichten zur Richtschnur, ohne sich um deren Consequenzen zu kümmern. So läßt sie beharrlich außer Acht, welche zerstörende Wirkung der Ehebruch und die Unzucht des Mannes auf das allgemeine Volkswohl und Volksleben ausübt, und übertreibt andererseits den Begriff der Verletzung der Mannesehre durch die eheliche Untreue des Weibes so ins Ungemessene, daß wahrhaft himmelschreiende Ungerechtigkeiten dadurch hervorgerufen werden. Und zwar wurzelt diese weit verbreitete Empfindungs- und Anschauungsweise weder in der richtigen Erkenntniß weiblicher Würde noch in dem unbewußten Einfluß des Geschlechtsgegensatzes, (wie Fichte und Andere dies darzulegen sich bemühen) sondern vielmehr auf der entschiedenen Annahme, daß das Weib, als die von Gott und der Natur dem Manne untergeordnete Sklavin, mit Allem, was an und in ihr ist, mit ihrer Keuschheit, Liebe und Treue vor und in der Ehe sein unbeschränktes Eigenthum sei, daß sie ihren Herrn in keiner Weise benachtheiligen dürfe, dagegen von ihm Alles hinnehmen müsse, was er ihr bietet, und wäre es das größte Unrecht.*)

---

*) Dies erstreckt sich sogar bis auf ihre Gedanken und Gefühle, wie uns ein charakteristisches Volkslied (aus der Sammlung von Karl Simrock) „Liebesprobe" benannt, zeigt.

Ein Mädchen harrte sieben Jahre lang auf die Rückkehr ihres Liebsten von der Wanderschaft. Täglich ging sie unter die Linde im Thal, wo sich beide getrennt hatten und auch wieder zusammenfinden wollten. Als nun sechs Wochen über die sieben Jahre verflossen waren, kam eines Tages ein stolzer Reiter, den sie nicht kannte, zu ihr herangeritten und fragte, was sie da so allein mache. Auf ihre Antwort, daß sie ihren Schatz erwarte und wer derselbe wäre, sagte er: Gestern ritt ich durch eine

Auch diesen Punkt hat Mrs. Jameson, im Anschluß an einen Gesinnungsgenossen, den Dichter Coleridge, in sehr bezeichnender Weise zur Sprache gebracht. „Coleridge redet mit gerechter Entrüstung von denen, welche die Keuschheit des Weibes als ein Ding betrachten — ein Ding, dessen Erhaltung oder Verlust vom äußeren Zufall abhängt, ein Ding, welches dem Besitzer geraubt werden kann — anstatt sie als eine Beschaffenheit anzusehen. Dem Gesetz und Herkommen gemäß wird die Keuschheit des Weibes als das Eigenthum des Mannes betrachtet, dem sie dafür eher verantwortlich ist, als Gott und ihrem Gewissen. Was die Leute auch immer sagen mögen, dies ist der allgemeine, der sociale und gesetzliche Gesichtspunkt. Er ist ein Ueberbleibsel orientalischer (?) Barbarei und begünstigt in hohem Grade die Lasterhaftigkeit, oder führt im besten Falle beide Geschlechter zu einem moralisch niedrigen Standpunkt. Die Vorstellung von der Hörigkeit des Weibes beherrscht immer noch unser gesellschaftliches Leben, besonders in den unteren Klassen, und ist vielfach Ursache der Mißhandlung der Frauen."

Wen dies vielleicht eine unzeitgemäße Uebertrei-

---

Stadt und sahe, wie Dein Liebster Hochzeit feierte. Was wünschest Du ihm dafür an, daß er seine Treue Dir nicht gehalten hat? „Ich wünsche ihm das Beste, so viel der Baum hat Aeste; ich wünsch' ihm so viel gute Zeit, so viel Stern am Himmel seind," erwiderte sie tief bekümmert. Er zog einen Goldreif vom Finger und warf ihn in ihren Schooß; sie fing bitterlich an zu weinen; da holte er ein schneeweißes Tüchlein hervor und sprach: „Trock'ne Deine Aeugelein, Du sollst ja nun mein eigen sein. Ich wollte nur Dein Herz prüfen; hättest Du mir geflucht, so wäre ich von Stund an davon geritten."

So kennzeichnet sich des deutschen Mannes Liebe und Treue! Und so ist sein Ideal vom Ewig-Weiblichen!

Denn aus dem Volkslied spricht nicht eines Einzelnen Stimme, sondern die einer großen Gattung.

bung zu sein dünkt, der lese die Aussprüche eines Ed. von Hartmann in seiner Abhandlung über die Gleich=
stellung der Geschlechter. Unverfrorener und brutaler kann die Rechtfertigung des männlichen Egoismus wohl kaum zum Ausdruck kommen als dort! Da H. für einen großen Theil der studirenden Jugend wie der ge= bildeten Frauenwelt Modephilosoph ist, so kann der Leser an dem genannten Schriftstücke auch ersehen, daß die Idee der Hörigkeit des Weibes durchaus nicht vor= zugsweise in den unteren Klassen fortbesteht, sondern in allen.

Ebenfalls ist es nicht ganz zutreffend, daß Mrs. Jameson diese Anschauung einen Ueberrest orientalischer Barbarei nennt. Dieselbe hat in allen Erdtheilen von Jahrtausend zu Jahrtausend im Gesellschaftsleben der Völker eine Rolle gespielt; Gesetz und Willkür haben von jeher das Weib als den schwächeren Theil unter=
drückt und gemißhandelt.*)

Das Christenthum hat nichts Wesentliches daran geändert.**) Christliche Männer aller Rangstufen, vom

---

*) Ein verhältnißmäßig hoher Grad von Gerechtigkeits=
sinn läßt sich in manchen Verordnungen der mosaischen Gesetz=
gebung, die ehelichen Verhältnisse und die Behandlung des weiblichen Geschlechts betreffend, erkennen.

Beispiele: 3 Mose 20, 10. 5 Mose 22, 13—19 und 25 bis 29. 4 Mose 5, 12—31. 5 Mose 21, 10—14. 2 Mose 21, 7 bis 11 und 26—27.

**) „Die Stellung der Frau ist sogar im Kreise der christ=
lichen Gemeinden in den ersten Jahrhunderten nach der Geburt des Heilandes eine so unwürdige gewesen, daß unsere Gattinnen und Töchter die Augen niederschlagen würden, wenn wir ihnen im klaren unverfälschten Spiegel zeigen wollten, wie man ihre Schwestern von damals zwar in die Versammlungen der Gläu=
bigen zuließ, zwar in die Märtyrerlisten aufnahm, ja sie sogar der Kanonisirung werth hielt, wie man sie sonst aber als Lock=
speise des Teufels zurückwies, sie schmähte und floh, wie man ihnen zumuthete, in fortwährender Scham und Buße zu leben, weil durch ihre Schuld sich die Sünde der Menschheit bemächtigt

höchsten Throninhaber bis herab zum niedrigsten Hütten=
bewohner, haben aus Eifersucht oder Ueberdruß unter
den nichtigsten Vorwänden ihre Frauen aus dem Wege
zu schaffen gewußt.

Der edle Kreuzfahrer Graf Siegfried ließ allein
auf eine niederträchtige Verläumdung hin seine fromme
Gemahlin Genoveva den Henkersknechten überliefern,
ein anderer ritterlicher Kriegsmann handelte noch ärger;
nach langer Abwesenheit heimkehrend, stieß er in blinder
eifersüchtiger Wuth dem eignen Kindlein, das ihm seine
treue Gattin unterdessen geboren, den Dolch ins Herz,
weil er einen Bastard darin zu erblicken glaubte.*)

Wenn Geschichte und Sage auch schon eine Fülle

---

habe, wie man den Frauen auf einem Concil im sechsten Jahr=
hundert verbot — ihrer Unreinigkeit wegen — beim Abendmahl
das Brot, den Leib Christi, mit nackten Händen in Empfang zu
nehmen, wie man ihnen die Schönheit zum Vorwurf machte und
jede Verbindung mit ihnen, selbst die Ehe, als Entheiligung
brandmarkte und floh. Nur um die Menschheit vor dem Unter=
gange zu schützen, fügten sich die Leiter der Kirche in ihre Er=
haltung, und Hieronymus, der Heilige, konnte noch empfehlen,
mit der Axt der Jungfräulichkeit den Wald der Ehe niederzu=
legen. Musik und Gesang, herzerhebende Künste, welche selbst
den Töchtern edler heidnischer Familien zu Rom wohl anstanden,
wurden den christlichen Jungfrauen zu treiben verboten, und ein
großer Kirchenvater verlangt von ihnen sogar, sie möchten ihr
Ohr dem Klange der Orgel verschließen, Flöten=, Lauten= und
Zitherspiel sollte ganz unbeachtet von ihnen bleiben.

Georg Ebers: Die attischen und aegyptischen Frauen.
(In der Zeitschrift: Für edle Frauen". Heft I.)

Auch die heutige „Aufklärung" verhindert nicht, daß uns
Frauen in sogenannten christlichen Schriften das Beispiel der
heiligen Elisabeth, Landgräfin von Thüringen, welche sich von
ihrem fanatischen Beichtiger auf empörende Weise knechten und
körperlich mißhandeln ließ, als Muster weiblicher Demuth und
Frömmigkeit vorgehalten wird.

*) Siehe die Romanze von der Gräfin Linda in Herders
„Stimmen der Völker in Liedern".

Man könnte diesen Geistesbrüdern Othellos die Gemahlin
des Grafen von Gleichen gegenüberstellen. Derselbe überraschte

von Beispielen weiblichen Martyrthums aufweisen, so schweigen sie doch über ungezählte andere Greuel und Schandthaten, die im Verborgenen verübt wurden.

Und wie steht es in unserer Zeit des geistigen Fortschritts und der entwickelten Humanität? Wassertod und Steinigung, Henkersbeil und Scheiterhaufen drohen der Ehebrecherin nicht mehr wie ehedem; auch ist der Mann nicht mehr alleiniger Herr über Leben und Tod des schuldigen wie des schuldlosen Weibes; aber er kann der letzteren durch moralische Mißhandlungen, durch teuflisch boshafte Ausnutzung seiner Vorrechte das Leben bis aufs Aeußerste verleiden, und von Seiten des Gesetzes und der allgemeinen Meinung wird fast jede harte Ungerechtigkeit gegen das Weib beschirmt.

A. Dumas d. J. sagt: „Wenn das französische Gesetz die Frau dem Manne unterordnet, so geschieht dies niemals, um sie dem Manne oder der Gesellschaft gegenüber von einer Pflicht zu befreien, sondern immer nur, um den Mann und die Gesellschaft mit einem neuen Rechte gegen sie zu waffnen. Es ist dem Gesetz niemals eingefallen, die Schwäche der Frau als mildernden Grund bei den verschiedenen Vergehen mit in Rechnung zu ziehen, im Gegentheil, es mißbraucht diese Schwäche."

Auch anderwärts bieten die Gesetze den Frauen keinen besseren Schutz. Im Januar 1887 brachte die Berliner Tägl. Rundschau folgende Notiz:

„Lady Queensberry hat gegen ihren Gemahl, den Marquis of Queensberry die Ehescheidungsklage ange-

---

sie bekanntlich damit, daß er eine junge Türkin, die sich ihm verbunden, aus dem gelobten Lande mit heimbrachte; die Gräfin indessen räumte letzterer bereitwillig die Rechte eines Nebenweibes ein, weil sie ihrem Gatten das Leben gerettet hatte. Auf welcher Seite ist hier nun die unbegrenzte Großmuth?

strengt und zwar nicht in einem englischen, sondern in dem schottischen Gerichtshof zu Edinburgh, da dort Ehebruch allein ein Scheidegrund ist, während nach englischem Gesetz auch Grausamkeit und Brutalität des Gatten nachgewiesen werden muß." (!)

Je wüster und gewissenloser ein Mann ist, desto eifriger pflegt er auf die Unantastbarkeit seiner Hausherrnehre zu pochen. Ein den höheren Ständen angehörender Roué, dem es gelungen war, seine Familien- und Vermögensverhältnisse an den Rand des Abgrunds zu bringen, hatte eine kränkliche überaus nachsichtige Frau, welche er gänzlich vernachlässigte. Sie fand in dem Geschäftsverwalter ihres Mannes, der bemüht war, dem Ruin so viel wie möglich vorzubeugen, einen treuen, aufrichtigen Rathgeber und schenkte ihm ihr volles Vertrauen. Ob nun diese Umstände sie etwa zu unvorsichtigem und auffallendem Benehmen verleitet hatten, oder ob allein boshafte Einflüsterungen ihre Wirkung ausgeübt, weiß ich nicht genau zu sagen; kurzum: eines Tages brach die sittliche Entrüstung des in seiner Mannesehre verletzten Gatten wie ein Unwetter über die arme Frau herein; er spielte mit Ostentation den Othello, stellte sie gewissermaßen an den Pranger und entsetzte den Verwalter seines Amtes, obgleich er dadurch dem eigenen Dache die Stütze entzog. Und die Damenwelt schüttelte den Kopf darüber, fand die Sache „sehr verdächtig," ließ aber der unglücklichen Frau in Anbetracht ihrer dem baldigen Ende entgegenführenden Krankheit einige Schonung widerfahren. Nach ihrem Tode fand der Mann selbstverständlich eine zweite Lebensgefährtin.

„Wenn das geschieht am grünen Holz, was will am dürren werden?" Welche Strafe wäre denn wohl groß genug für die thatsächliche Ehebrecherin?

Christus hat mehr als eine solche Sünderin unter seinen Schutz genommen — weil er ihr Elend durchschaute und die verborgensten Triebfedern ihres Thun's erkannte; sonst hätte er es nicht gethan. Nie ist ein gerechteres, vernünftigeres und edleres Wort aus Menschenmunde hervorgegangen als sein Richterspruch: „Wer unter euch ohne Sünde ist, der werfe den ersten Stein auf sie!" (Johannis 8, 7).

Vor allem hat derjenige Mann, welcher des gleichen Vergehens schuldig ist, vom moralischen Standpunkt aus gesehen, die Berechtigung verloren, sowohl mit der eigenen, als auch mit jeder anderen ehebrecherischen Frau ins Gericht zu gehen.

Und der gesetzliche Standpunkt dürfte und sollte kein anderer sein als der moralische. Da aber die Männer es sind, welche die Gesetze zu ihren Gunsten machen, und da die Frauen zu gleichgültig sind, um eine Abänderung dieser Gesetze zu erstreben, so kommt auch hierbei zweierlei Maaß und Gewicht in Anwendung.

Das Allgemeine Preußische Landrecht stellt in Bezug auf die Vermögensfragen Mann und Frau bei der Ehescheidung gleich. Dagegen verfügt es: daß die Frau der Klage auf Scheidung wegen Ehebruchs verlustig geht, wenn sie selbst Ehebruch begangen hat, nicht aber der Mann. Dieser, der ohnehin im Vortheil ist, weil ein sträflicher Umgang der Frau leichter nachgewiesen werden kann, als ihm, darf sie also in solchem Falle verklagen, und sie wird dann als der allein schuldige Theil geschieden.

Welche Meisterstücke der Logik eine von solchen Prinzipien ausgehende Gesetzgebung unter Umständen zeitigt, ersieht man am besten aus einem der häufigen Skandalprozesse, durch welche die hohe Aristokratie Englands sich in jüngster Zeit hervorzuthun pflegt. Die Gattin eines den Hofkreisen nahestehenden Mannes war der ehebrecherischen Beziehungen zu einem anderen Manne genügend überwiesen, hatte dies im Scheidungsprozeß auch eingestanden und ihren Urtheilsspruch empfangen; der betreffende Cavalier aber, dessen verbotener Umgang mit jener Frau als anerkannte Thatsache vorlag, schwor denselben ab und — wurde freigesprochen!\*)

Als Grund dieser rechtswidrigen Begünstigung des männlichen Geschlechts wird überall angeführt, daß im Allgemeinen der Familie durch den Ehebruch der Frau ein größerer Schaden erwächst, als durch den des Mannes. Inwieweit dieser Behauptung Wahrheit zuzuerkennen ist, soll später erörtert werden. Will jedoch die Rechtspflege der Moral die Hand bieten, so muß sie es in allen Stücken thun und sich keine Abweichungen gestatten.

Es ist nicht nur ein echt christlicher, sondern ein ebenso logischer wie rechtlicher Grundsatz, den Paulus in die Worte faßt: „Darum, o Mensch, kannst Du Dich nicht entschuldigen, wer Du bist, der da richtet; denn worinnen Du einen Anderen richtest, verdammest Du Dich selbst, sintemal Du eben dasselbige thust, das Du richtest." (Römer 2,1.)

Daß indessen auch die Gesellschaft nicht nach gleichem Grundsatz verfährt, sondern vielmehr die Willkür stets das entscheidende Wort sprechen darf, „ist ganz und gar der Frauen Schuld." Sie wollen ihrem Geschlechte keine Gerechtigkeit zu Theil werden lassen, sie wollen unter keinen Umständen die Ehebrecherin begnadigen, auch die reuige nicht, sondern müssen wenigstens einige Steine auf sie schleudern, und der Eifer, mit welchem sie dies thun, soll ihre eigene Reinheit ins rechte Licht stellen. Denn es wäre „unweiblich," wenn sie an einem Mitgliede des eigenen Geschlechts einen Schandfleck dulden wollten; deshalb muß ihre christliche Milde in solchen Fällen in den Hintergrund zurücktreten.

---

\*) Berliner Tägl. Rundschau.

Es ist sehr interessant zu lesen, wie A. Dumas in seiner originellen Schrift „L'homme femme" die Frage: Soll der Ehebrecherin verziehen werden? beantwortet. Er zeigt, wie das in Frankreich bestehende katholische Ehegesetz — wonach weder schuldig noch unschuldig Geschiedene eine abermalige Heirath eingehen dürfen — nothwendig zum Ehebruch führen müsse. Der allgemeinen Anschauung entgegen will er die Ehebrecherin milder beurtheilt sehen als den Ehebrecher, weil sie weder an den Mängeln ihrer Erziehung noch an den tiefen Schattenseiten der gesellschaftlichen Sitten (wie auch George Sand und Daniel Stern sie geschildert haben) Schuld trage. Seiner Rede Kern ist der Zuruf an den Mann: „Thue Deine Schuldigkeit, so wird auch das Weib die ihrige thun! Hast Du aber gesündigt und gefehlt, dann geschieht Dir Recht, wenn Dein Weib Dir Gleiches mit Gleichem bezahlt, und Du magst die Folgen tragen.*)

Nur in einem Falle verlangt Dumas nicht allein die Bestrafung, sondern die Vernichtung der Ehebrecherin. Nachdem er in der bereits angeführten Bergpredigt seine Ansicht niedergelegt, daß die Ehe auf gleichen Voraussetzungen gegründet sein müsse, und wie sie gehalten werden solle, sagt er zum Schlusse: „Wenn Du Alles gethan hast, was Du zu thun schuldig warst, wenn Du Deinem Weibe nicht den geringsten Grund zur Klage, nicht den kleinsten Vorwand zum Undank und zur Untreue gegeben hast, und sie mißachtet dennoch Deine und ihre Ehre, sie vergißt dennoch ihre Pflicht als Gattin und Mutter und besudelt das eigene Nest' — dann rufe nicht erst den Arm der Gerechtigkeit zu Hülfe, sondern tödte sie und nimm die Verantwortung auf Dich — sie ist kein Weib, sie ist eine Ausgeburt der Hölle!"

Damit will Dumas durchaus nicht sagen, daß ihm

---

*) Siehe Buch Hiob 31, 9 und 10.

eine solche Teufelin in Weibergestalt als etwas völlig
Unerhörtes vorkomme; denn an anderer Stelle spricht
er sich über derartige Erscheinungen noch weiter aus.
Es wäre ja auch unnatürlich, wenn unter der Gesammt=
summe verderbter und verlorener Menschencharaktere sich
die Zahl der Individuen in beiden Geschlechtern nicht
ziemlich die Wage hielte. Nur hat das Weib, wenn
sie schlecht handeln will, bedeutend mehr äußere Hemm=
nisse zu überwinden als der Mann, und aus diesem
Grunde gewinnt das Böse in ihr eine um so stärkere
Macht.

Der Lenker der menschlichen Schicksale scheint zu
wollen, daß im Ehebunde häufig unvereinbare Gegen=
sätze zusammenkommen, daß also der edle Mann an
ein schlechtes Weib, das edle Weib an einen schlechten
Mann gerathe; daher die erschütternden Tragödien und
die beiderseitigen Anklagen der Geschlechter gegen ein=
ander.

Niemand, auch nicht der glühendste Frauen=
vertheidiger wird dem rechtschaffenen Manne zumuthen,
ein Weib als Lebensgefährtin bei sich zu behalten, welches
ihre eheliche Verbindung zum Deckmantel für einen
schmutzigen Lebenswandel macht. Aber es handelt sich
dabei nicht zu allererst um seine Mannesehre, sondern
vielmehr um die schwerwiegenden Folgen für die Nach=
kommenschaft, welche der Ehebruch einer Frau und
Mutter nach sich zieht. Die sittliche Erziehung der Kinder
ruht hauptsächlich in den Händen der Mutter; ihr verderb=
liches Beispiel kann fast nicht anders als zerstörend wirken,
während es immerhin möglich ist, daß der Einfluß einer
guten, charakterfesten Mutter das Beispiel des gewissen=
losen Familenoberhauptes einigermaßen unschädlich macht.

Dieser hochbedeutende Punkt, der einzige, welcher
bei der Beurtheilung des Ehebruchs von Seiten des
Mannes oder Weibes einen verschiedenen Gesichtspunkt
zuläßt, wird indessen kaum jemals erwogen, vielmehr

außer dem besprochenen Ehrenpunkt nur immer die Er=
nährungsfrage in den Vordergrund gestellt.

So wird z. B. zur stärkeren Belastung der Ehe=
brecherin gewöhnlich gesagt: „Der Mann hat in der
Regel die Sorge für die Familie zu übernehmen und
die Kinder sind auf die Existenzmittel des Familien=
hauptes verwiesen.

Durch ihre Untreue kommt also die Frau in Gefahr,
nicht blos die Sorgen ihres Mannes widerrechtlich zu
vermehren, sondern auch die Rechte seiner Kinder zu
schmälern, — Rücksichten, die der untreue Mann meistens
nicht zu überwinden hat."

Darauf ist Folgendes zu entgegnen:

Erstens hat der Mann heutzutage durchaus nicht
mehr in der Regel allein die Sorge für die Familie
zu tragen, denn in den höheren und mittleren Ständen
sucht er häufig eine Frau mit Vermögen zu heirathen
und in den unteren Ständen ist die Frau fast aus=
nahmslos genöthigt, mit für den Unterhalt zu arbeiten;
sehr oft ist sie sogar die Ernährerin der Kinder im doppelten
Sinne.

Zweitens schmälert sie, gesetzten Falles, daß ihre
Untreue Folgen hat, die Rechte seiner Kinder um nichts
mehr, als es der ehebrecherische Mann selbst thut. Wodurch
läßt es sich denn überhaupt rechtfertigen, daß der Mann
seinen unehelichen Nachkommen weniger Fürsorge schuldet
als seinen ehelichen? Doch nur durch eine herzlose Sitte!
Wenn er nun freiwillig oder gezwungen seinen Ver=
pflichtungen gegen Erstere nachkommt, so beeinträchtigt
er seinerseits doch auch die Existenzmittel seiner recht=
mäßigen Familienglieder. Was ist also im Grunde ge=
nommen schmachvoller: daß die Gattin ihre mit einem
Anderen erzeugten Kinder am Tische ihres Gatten mit=
essen läßt, oder daß dieser ohne ihr Wissen vom gemein=
samen Vermögen Alimentationskosten für seine auswärtigen
Bastarde zahlt?

Endlich, wo nimmt denn der Mann das Recht her, die Arbeitslast und die Sorgen seiner Frau nach Belieben, oft bis zum Uebermaß zu steigern, indem er sie zwingt, einer großen Kinderzahl das Leben zu geben, ohne Rücksicht auf ihre Einwilligung, auf ihre Gesundheit und ihr Glück, wie es nicht selten solche Männer thun, die sich ihrer Treue besonders rühmen?

Aufrichtig gesprochen ist also das, was man der Ehebrecherin zum Vorwurf macht, trotz aller moralisirenden Phrasenumhüllungen nichts weiter als ein Majestätsverbrechen gegen die Oberhoheit des Mannes.

Wenden wir uns nun der Frage zu, ob es denn wahr ist, daß die unbegrenzte Liebe des Weibes niemals mit ihrer Ehre in Conflict geräth.

Nach allgemeiner Auffassung hat eine Frau keine Ehre außer der, daß sie dem Gatten ihre jungfräuliche Reinheit ohne nachweisbaren Flecken und Makel darbrachte und ihm die gelobte Treue auf's Gewissenhafteste hält. Verletzt ein Anderer sie im Punkt dieser Ehre, so hat er dafür ihrem Gatten oder sonstigen männlichen Beschützer Rechenschaft zu geben. Wenn der Gatte selbst aber ihre Treue als schuldigen Tribut hinnimmt, ohne sie ihr mit Gleichem zu vergelten, so leidet ihre Ehre nicht darunter, denn sie lebt als unselbstständiges Wesen ja nur in ihm und für ihn! Es steht ihr zwar der Weg zur Klage auf Scheidung offen, aber es wird von ihr erwartet, daß sie von dem „göttlichen" Vorrecht der Verzeihung Gebrauch mache. „Die edle und würdige Frau wird verzeihen", sagte Fichte, ohne nur irgendwelche Umstände und Bedingungen namhaft zu machen, unter welchen sie mit Beibehaltung ihrer Würde verzeihen könne.

Das Wesen der Ehe bedingt aber ein so inniges Zusammenleben, ein so gänzliches ineinander Aufgehen beider Gatten, daß die Loslösung des einen Theils eine gänzliche innere Trennung zur Folge haben muß. Es ist daher sinnlos zu sagen, daß der Ehebruch des Mannes die Ehe wohl zerstöre, aber nicht nothwendig vernichte wie der des Weibes. Man löse doch den Ring einer Kette aus seinem Nebenringe und beweise dann, daß dieser letztere den ersteren dennoch festhalten könne und solle!

„Der Mann ist des Weibes Haupt", lautet ein Bibelwort (Epheser 5, 23) das auch die allerungläubigsten Männer gern annehmen. Mögen sie uns nur erklären, ob und wie das Haupt andere Wege wandeln könne, als der Leib!

Giebt doch sogar ein Eduard von Hartmann unbedingt die Forderung zu, daß der Mann in der monogamischen Ehe ebensowenig Freiheit haben dürfe wie die Frau, da das Wesen der Ehe gleiche Treue von beiden Seiten und gleiche sittliche Beherrschung etwaiger instinctiver Anreizungen zur Untreue erheische. Aber auch er schwächt den Nachdruck dieser Forderung sogleich wieder um die Hälfte ab durch den Zusatz, daß die eheliche Untreue des Mannes eine geringere Mißbilligung erfahren dürfe, und zwar deshalb, weil sie sich außerhalb des Familienkreises vollzöge und weil die Stellung der Frau als Mutter und Hausherrin, wie das Verhältniß der Kinder zu den Eltern und Geschwistern unberührt davon bliebe.

Diese Behauptung gehört zu denen, welche, obwohl völlig unwahr, nichts destoweniger beständig von Mund zu Mund in Umlauf erhalten werden.

Der Mann begeht den Ehebruch nicht immer außerhalb des Hauses; es ist bekanntermaßen oftmals die Bonne oder gar die Erzieherin seiner Kinder, die Wirthschafterin oder Zofe seiner Frau, welche er bequemlicherweise zu seiner Maitresse macht und welche sich dann gewöhnlich der Hausfrau gegenüber die ärgsten Verletzungen des schuldigen Respects erlaubt. Und wenn der Hausherr, wie es öfters geschieht, mit Hinzuziehung seiner

männlichen Dienerschaft sich auswärts „amüsirt", so wird
die Herrin auch von letzterer hintergangen und heimlich
verspottet, wenn nicht gar ins Angesicht gehöhnt.

Ebenso bleiben die Kinder nicht unberührt von
solchen Vorgängen. Soll die Mutter ihnen Liebe und
Ehrfurcht gegen den Vater beibringen, wenn sie selbst
ihn nicht achten kann? Wird die Mahnung des Lehrers,
der ihnen das vierte Gebot auslegt, nicht stillem Wider=
spruch in ihren Herzen begegnen? Denn man mag
sagen, was man will, die Kinder haben einen unglaub=
lich feinen, durchdringenden Spürsinn für jeden faulen
Fleck innerhalb des Familienlebens. Selbst wenn sie
noch so unwissend und unschuldig sind, daß sie den
Grund eines Zerwürfnisses oder einer Entfremdung
zwischen den Eltern nicht zu begreifen vermögen, so
nimmt doch ihr Gefühl unwillkürlich Partei entweder für
den Vater oder für die Mutter und wendet sich von dem
Anderen ab. Und wenn sie nun heranwachsend das
eheliche Verhältniß begreifen lernen, so wirkt das Vor=
bild eines liederlichen, wüsten Vaters in jedem Fall
schädigend auf ihr Gemüthsleben, wenn nicht geradezu
entsittlichend. Bei den Söhnen ist es schon ein halbes
Wunder, wenn sie nicht in die Fußstapfen des Vaters
treten, vielmehr noch Beweise von Rechtlichkeitsgefühl
und Theilnahme für die mißachtete und mißhandelte
Mutter geben; doch ist dies nicht einmal bei den Töchtern
immer vorauszusetzen. Ich kann aus Erfahrung Fälle
berichten, in deren einem die Tochter ihrem Vater fluchte,
während im anderen Falle ein kaum erwachsenes Mädchen
ihren Freundinnen auf dem Spaziergange kichernd und
lachend das Haus einer Halbweltdame zeigte, welche
ihr Herr Papa mit seiner Gunst und seinem Umgange
beehrte! In noch anderen Fällen dieser Art fand ich
bei den Töchtern eine völlig abgebrühte, stumpfe Gleich=
gültigkeit gegen die Zerrüttung der Familienbande, ob=
wohl sich wahre Tragödien vor ihren Augen abspielten.

Das Wesen der Ehe besteht in der inneren wie der äußeren Lebensgemeinschaft. Es wird oft gesagt, daß eine der schönsten Aufgaben des Weibes die Veredelung des Mannes sei. Wenn nun aber das innigste und heiligste aller Bündnisse unter der Voraussetzung völlig ungleicher moralischer Forderungen geschlossen und gehalten wird — wenn z. B. das Leben eines frischen unschuldigen Weibes an das eines in Unzucht verderbten Mannes gekettet wird — dann wirkt der Einfluß umgekehrt, und statt der Veredelung des männlichen tritt die Entsittlichung des weiblichen Theiles ein. Denn reines Wasser mit unreinem vermischt, muß trübe werden und die Schlingpflanze, welche sich um einen Giftbaum rankt, wird seiner giftigen Säfte theilhaftig.

Und endlich der Ehebrecher selbst! Achtet und ehrt er die Gattin, welche in feiger, ohnmächtiger Schwäche alles von ihm erduldet? Mit nichten, sondern er verachtet sie wie das Thier, welches sich stumm und widerstandslos mißhandeln läßt. Es ist unschwer zu erklären, daß die Abneigung und Erbitterung eines Menschen gegen den anderen in demselben Maße zunimmt, als er ihm Unrecht zufügt; das Schuldbewußtsein trägt er als beständigen Stachel im Herzen und fühlt sich gewissermaßen um einen Theil seiner Schuld erleichtert, sobald der Andere Vergeltung übt oder sich nur ernstlich zur Wehr setzt. Auch der roheste Mann wird einen Rest von Achtung für sein Weib empfinden, wenn sie ihm Selbstachtung zeigt; dagegen je nachgiebiger und muthloser sie ist, desto frecher erhebt er sein Haupt und desto unbarmherziger spielt er den Haustyrannen.

Auch die allgemeine Meinung nimmt sich des willensschwachen Weibes nicht an. Die Mehrheit hält zwar in der Theorie die Behauptung fest, daß dieselbe Unterwürfigkeit, welche man am Hunde verächtlich zu finden für gut hält, am Weibe hochzuschätzen und zu loben sei; aber sie handelt nicht darnach. Die allgemeine

Denkweise müßte sich überhaupt erst auf vertrauteren Fuß mit der Logik stellen, wenn es ihr gelingen soll in allen Dingen eine folgerichtige Uebereinstimmung zwischen Theorie und Praxis herzustellen.

Es ist daher grundverkehrt, wenn Fichte sagt: „Eine Frau, welche die Unordnung ihres Mannes weiß und erträgt, wird nicht verachtet; im Gegentheil, je sanfter und weiser sie sich dabei beträgt, desto mehr wird sie geachtet." So soll es nicht sein und so ist es auch meistens garnicht der Fall. Eine solche Frau erweckt vielmehr bei Männern höchstens ein Gefühl des Mitleids, das stark mit Geringschätzung vermischt ist, und von ihren Geschlechtsgenossinnen erfährt sie oftmals die bekannte lieblose Beurtheilung. Es heißt dann: die einfältige oder die unschöne Frau habe den Mann begreiflicherweise nicht fesseln können, oder sie wisse ihn nicht zu würdigen, oder (ein Hauptvorwurf!) sie sei zu alt für ihn 2c. und die lieben Frauen und Mädchen beeifern sich noch dazu, den von ihnen bedauerten Mann zu umschmeicheln und zu feiern.

Ist eine derartige Charakterlosigkeit aber nicht ganz dazu angethan, die Männer in ihrer allgemeinen Geringschätzung des weiblichen Geschlechts zu bestärken?

Gleichwie die gekränkte, so wird auch die **betrogene** Ehefrau oft genug verspottet — nicht allein von **deutschen** Männern in Theaterstücken und Witzblättern, im Club und Casino, sondern auch von **deutschen** Frauen im Kaffeekränzchen oder bei sonstigen vertraulichen Zusammenkünften. Hiervon habe ich ganz empörende Beispiele erlebt.

Nur zu oft wird eine fälschlich als christliche Demuth aufgefaßte angeborene Passivität oder Willenlosigkeit zu den Vorzügen echter Weiblichkeit gezählt. Aber wem bringt wohl diese fragliche Tugend irgend einen Segen? Es kommt doch nur in verschrobenen Romanen und Rührstücken vor, daß das verhärtete Herz eines Uebel-

thäters allein durch die unbegrenzte Liebe und uner=
schöpfliche Geduld einer Griseldis gerührt und zur Um=
kehr bewogen wird; kein halbwegs erfahrener Mensch
glaubt an solche Fabeleien.

Selbst die göttliche Gnade verheißt ja nur dem
bereuenden Sünder Vergebung, und so ist es auch keines=
wegs Christenpflicht, sich der eigenen Würde zu begeben
und dem Beleidiger eine Verzeihung aufzurücken, die
er garnicht begehrt.

Die wahrhaft edle und würdige Frau (nicht die
sogenannte) wird daher dem Gatten verzeihen, so weit
sie es irgend thun darf, ohne ihrer eigenen Person zu
nahe zu treten, und dies kann nur geschehen, wenn der
Mann seine Schuld bereut und die Wiedervereinigung
mit ihr von Herzen wünscht, ein Fall, der wohl nur
äußerst selten eintritt. Selbst dann bleibt der Riß im
Bewußtsein Beider fortbestehen und mit dem zerstörten
Vertrauen ist auch das Glück der Ehe auf immer dahin.
Denn

„Das ist kein Glück, was ich mit Herzblut muß erkaufen;
Glück ist, was zu mir kommt und läßt nicht nach sich laufen."

Nach meiner besonderen Auffassung ist eine Aus=
söhnung, auf deren Grund ein den Namen der Ehe
verdienendes Verhältniß fortgesetzt werden kann,
überhaupt nur da möglich, wo es sich um eine Herzens=
verirrung, nicht aber um die physische Verletzung der
ehelichen Treue handelt. Es ist ja auch nur die letztere,
welche das Gesetz unter der Benennung „Ehebruch"
begreift.

Ich weiß wohl, daß sehr viele Frauen, welche an
das Dogma von der Theilbarkeit der Mannesliebe, oder
vielmehr an die Trennung der Sinnentriebe von der
Herzensneigung glauben, entgegengesetzter Ansicht sind.
Manche unter ihnen versichert, daß ihr einzig an der geistigen
Liebe ihres Mannes gelegen sei, oder gar, daß sie ihn

viel inniger lieben würde, wenn sie ihm nicht auch leib=
lich unterthan sein müßte.

Doch es spricht aus solchen Aeußerungen nicht immer
ein reiner, keuscher Sinn. Wohl kommt es vor — und
wer könnte sagen, wie oft! — daß die Frau weder
Festigkeit des Willens noch Macht besitzt, um dem Manne
Zaum und Zügel zu halten in den Grenzen, die es für
ein weiblich und menschlich fühlendes Wesen giebt, daß
ihr gerechtes „Bis hierher und nicht weiter" an seiner
rohen Gesinnung, an seinem sich nicht beschränken Wollen
scheitert, so daß sie, um nicht physisch und moralisch zu
Grunde zu gehen, darauf verzichtet, länger seine Gattin
in der wahren Bedeutung des Wortes zu sein.

Oft ist dagegen bei der Frau eine durch nichts ge=
rechtfertigte Scheu vor der Erfüllung des Hauptzweckes
der Ehe und was dieselbe an Beschwerden mit sich bringt
vorhanden. Indem sie dem Manne die Freiheit läßt,
für die „Erhaltung seines Wohlbefindens" (so nennt
man das Ding!) auf beliebigen Wegen zu sorgen, tritt
sie vertheidigend ein für die ärgste Schändung des
Menschengeschlechts, die Prostitution! Eine Frau aber,
die ihren Mann wahrhaft liebt, wird den Gedanken
nicht ertragen mögen, daß er Handlungen begeht, welche
ihn unter das Vieh herabwürdigen. Denn liebeleerer
Sinnengenuß ist eine Scheußlichkeit; wer dies nicht fühlt,
der ist edler Gefühle ganz und gar nicht fähig!

Zudem behauptet die oben erwähnte, platonisch
geliebt sein wollende Frau nicht einmal den Besitz seiner
sogenannten Liebe. Denn wenn es auch wahr ist, daß
die physischen Versündigungen des Mannes nicht das
Geringste mit seinem Herzen zu thun haben, so wird
doch ein Mann von niedrig sinnlicher Natur seine Herzens=
neigung keinem Weibe erhalten, bei welchem er völlig
ungleiche Anlagen, also statt des Entgegenkommens nur
widerstrebende Unterwerfung findet. Sie muß ihm gleich=
gültig werden.

Ein weibliches Wesen, das von vornherein, vielleicht in Folge nicht normalen Gesundheitszustandes, den physischen Anforderungen des ehelichen Lebens abgeneigt ist, sollte überhaupt nicht heirathen. Es würde manches Leid und Unglück dadurch vermieden werden.

Man wolle mich nun aber ja nicht falsch verstehen, wenn ich von der Verzeihlichkeit einer Herzensverirrung rede. Ich meine damit selbstverständlich nicht, daß eine Erschütterung des Treugefühls wenig auf sich habe, wenn nur die Gatten das äußere Band festhalten und einander die eheliche Pflicht leisten.

"Wer ein Weib ansiehet, ihrer zu begehren, der hat schon die Ehe mit ihr gebrochen in seinem Herzen", sagt Christus (Matthäus 5,28). Aber so wahr es ist, daß der sündliche Gedanke nur um Haaresbreite von der sündlichen That getrennt ist, so darf man dennoch zwischen beiden einen Unterschied machen. Die Regung eines pflichtwidrigen Gefühls befleckt den Menschen noch nicht, weil sie unwillkürlich ist; verantwortlich wird er erst dann dafür, wenn er sie hat zum leidenschaftlichen Begehren werden lassen. Die Beherrschung seiner Gefühle aber steht nicht jederzeit so völlig in der Macht des Menschen, als daß für ein Abweichen derselben von den strengen Forderungen des Gewissens nicht in mancherlei Umständen eine Entschuldigung zu finden wäre. Eine Verirrung des Liebesgefühls dürfte und sollte daher der Mann dem Weibe ebenso wie das Weib dem Manne vergeben, weil damit weder seiner noch ihrer Ehre Abbruch geschieht.*) Es kommt in solchem Falle freilich darauf an, ob das Pflichtgefühl die unerlaubte Neigung überwindet**) und ob eine innere Wiederverbindung der Gatten

---

\*) Der gleiche Gedanke ist in Carmen Sylva's reizvollem Roman "Feldpost" ausgeführt.

\*\*) Die Behauptung des Herrn Dr. Julius Duboc (Psychologie der Liebe), daß dies nur möglich sei, wenn alle Bedingungen zu einem neuen Liebesaufschwung fehlen, kann ich am besten

erfolgen kann, oder ob ein Theil sich dauernd dem anderen entfremdet. Gewiß ist, daß die einseitige Liebe des Weibes, so schön, so edel und so rührend sie sein mag, die zerrissenen Bande doch nicht wiederherzustellen im Stande ist.

\*

"Was Gott zusammengefügt hat, soll der Mensch nicht scheiden." (Matth. 19, 6.)

Dieses Wort klingt fast wie ein Hohn, wenn man bedenkt, wie oft mit dieser dem Trauungsritus einge=

---

widerlegen, indem ich auf einen Fall im Leben Goethes aufmerksam mache. Ich will denselben in Hermann Hettners Worten (Geschichte der deutschen Litteratur des achtzehnten Jahrhunderts, Band III, 3) wiedergeben:

"Es ist kein Geheimniß mehr, aus welchem tief leidenschaftlichen Erlebniß die Dichtung der "Wahlverwandtschaften" hervorgegangen ist. Goethe stand noch in ungebrochener Manneskraft. Und noch hatte er, der in seiner Ehe des festen häuslichen Glückes entbehrte, die schuldvolle Schwäche nicht abgelegt, weiblicher Anmuth nur allzuleicht sich zu eröffnen und keimende Liebesregung nicht sorgsam zu überwachen. Im Hause des Buchhändlers Frommann in Jena lebte als Pflegetochter eine gar liebliche Erscheinung, Minna Herzlieb. Goethe hatte sie still heranwachsen sehen; als kleines artiges Kind hatte sie ihn so manchen Frühlingsmorgen auf seinen Jenaer Spaziergängen begleitet. Jetzt, da sie zur Jungfrau erblüht war, erfaßte ihn heiße Liebe, und er wurde von der Achtzehnjährigen schwärmerisch wieder geliebt. ... Abermals sah sich Goethe in die schwerste Bedrängniß verstrickt. Charlotte Buff, die er mit glühendem Jünglingsherzen geliebt hatte, war die verlobte Braut eines Anderen. Frau von Stein, welche von seinem Eintritt in Weimar bis zu seiner italienischen Reise sein ganzes Wesen erfüllte, war vermählt und gewann es nicht über sich, sich von ihrem Gatten zu trennen. Jetzt war er der Gebundene. Es galt entweder die Liebe fest in sich niederzukämpfen, oder entschlossen die Fessel zu brechen, welche sich einer Verbindung mit der Geliebten entgegenstellte. Trotz der drängenden Leidenschaft konnte Goethe nicht schwanken, was zu thun sei. An die angetraute Gattin band ihn die Dankbarkeit und die Macht der Gewohnheit, von der er selbst einmal sagt, daß sie sich vollkommen an die Stelle der Liebesleidenschaft setzen könne, ja daß sie sogar Verachtung und

fügten Formel der Name Gottes in schnödester Weise gemißbraucht wird!

Ist der Geistliche nicht in mannigfaltigen Fällen genöthigt, an heiliger Stätte Kraft seines Amtes dieses Wort auszusprechen, trotzdem er wissen und fühlen muß, daß es hier zur Unwahrheit, ja zur Lästerung des Heiligen wird?

Man hat der Ehe wegen ihrer hohen ethischen Bedeutung das Ansehen einer göttlichen Verordnung beigelegt, doch Gott hat mit der Stiftung des Ehebundes nicht mehr zu schaffen, als mit allen übrigen menschlichen Einrichtungen. Wenn der im alten Testament dargestellte Schöpfer die Ehe in monogamischer Gestalt angeordnet hätte, so ist es unerfindlich, warum er seinen frommen Knechten, den Patriarchen, welche er doch seiner unmittelbaren Offenbarungen gewürdigt haben soll, die Vielweiberei gestattete.

Das eheliche Verhältniß hat von den Uranfängen menschlichen Daseins an die denkbar verschiedensten Formen und Umgestaltungen durchgemacht, und diese waren und sind das Ergebniß des gesellschaftlichen und culturellen Standpunktes eines jeden Volkes. Die Ehe dient dem Staate zur Erhaltung einer festen Ordnung und als Bürgschaft für die Erziehung der Kinder und

---

Haß überdauere; an die angetraute Gattin band ihn der Grundsatz von der unter allen Umständen (?) aufrecht zu erhaltenden Unauflöslichkeit der Ehe, der sich in den letzten Jahren im Gegensatz zur Leichtfertigkeit der Romantiker immer fester in ihm herausgebildet hatte.

Und von der unbedingten Nothwendigkeit der Entsagung war auch das Mädchen durchdrungen. Bis in ihr spätes Alter — Minna Herzlieb starb erst 1865 nach schwerem, wechselvollem Leben im sechsundsiebenzigsten Jahre gemüthskrank in Görlitz — waren tiefverschlossene, schweigsame Innerlichkeit, selbstlose Aufopferung und strenges Pflichtgefühl ihre hervorstechendsten Züge."

(Man lese außerdem, was Lewes in seiner Biographie Goethes darüber schreibt.)

Unmündigen, die er nicht übernehmen kann — wenigstens nach dem vorläufigen Stand der Dinge. Sie ist, wie schon gesagt wurde, ein natürlich=staatlich=sittliches Institut, aber sie ist kein Sakrament. Sie ist an sich nicht heilig; es kommt vielmehr ganz und gar auf die Gesinnung und das Verhalten der ehelich Verbundenen an, ob sie zu einer geheiligten oder einer verabscheuungswürdigen Gemeinschaft wird.

Gleichwohl wird, sogar ungeachtet dessen, daß die Einführung der Civilehe durchgedrungen ist, nach allgemeiner Auffassung die Ehe noch immer wie eine Art Sakrament betrachtet. Sobald der Priester einer Verbindung seinen Segen ertheilt hat, soll dieselbe „im Himmel geschlossen" sein, und es wird ihr der Stempel der Heiligkeit aufgedrückt, mögen auch die verwerflichsten Beweggründe ihre Vollziehung herbeigeführt haben. Dies ist ein Wahn, der zu den unheilvollsten Consequenzen führt. Denn es giebt in der That kein unsittlicheres Verhältniß auf Erden, als das Zusammenleben zweier Personen in leiblicher und sonstiger Gemeinschaft, bei denen nicht auch eine geistige Vermählung stattgefunden hat, oder deren inneres Band einmal zerrissen worden ist! Selbst eine Ehe, welche aus gegenseitiger Neigung geschlossen wurde, kann entweiht werden und ist dann viel schlimmer als jedes ungesetzliche Verhältniß, weil sie den Schein der Ehrbarkeit und Anständigkeit behält und so zu einer fortgesetzten Lüge wird.

Männer und Frauen der verschiedensten Nationen und abweichendsten Lebensauffassungen — in deren Reihe u. A. der Frauenverehrer J. St. Mill und der Frauenverächter Max Nordau, der Freigeist George Sand und die Vertreterin der streng kirchlichen Richtung Mrs. Jameson stehen — haben dies gefühlt und mit Nachdruck ausgesprochen; aber sie werden von der Mehrzahl derjenigen, zu deren Gunsten sie es thaten, entweder nicht verstanden oder in Acht und Bann erklärt, weil sie vermeintlich den Stand der heiligen Ehe antasteten, indem sie die Unheiligkeit menschlicher Satzungen, die Mängel und den Mißbrauch der Gesetze darlegten.

Ich hörte einst eine Dame äußern (und sie steht nicht vereinzelt da) daß wirklich unglückliche Ehen unter „gebildeten" Menschen doch eigentlich nur selten vorkämen. Als ob diejenige Art der Bildung und Erziehung, wie sie in höheren Gesellschaftskreisen üblich ist, unter allen Umständen eine Gewährleistung für den Adel des Charakters und die Ehrenhaftigkeit des Wandels darböte, und als ob unter den gewandtesten und gefälligsten Manieren nicht oft genug die schlimmste übertünchte Herzensroheit und parfümirte Verdorbenheit zu finden wäre!

Der Begriff einer unmoralischen Ehe liegt jedoch nicht nur dem Frauengeschlecht, sondern den meisten Menschen so fern, daß sie ihn gar nicht zu fassen vermögen; Worte wie die vorhin gesagten klingen ihren Ohren daher so fremd wie Sanscrit. Sie mißbilligen allenfalls eine Convenienz= oder Geldheirath, wenn ihnen dieselbe in gar zu grober Form entgegentritt, haben aber keine Einsicht in die Verwerflichkeit des geistigen Ehebruchs, der begangen wird, wenn ein Mensch sich zu lebenslänglicher Gemeinschaft an einen anderen Menschen kettet, während er eine noch nicht überwundene Leidenschaft oder eine unüberwindliche Liebe zu einem Dritten im Herzen trägt, also das volle Bewußtsein hat, die gemachte Zusage nicht halten zu können.*)

---

*) Charlotte Diede, geborene Hildebrand, als Freundin Wilhelm von Humboldts durch seine Briefe bekannt geworden, hatte sich als achtzehnjähriges Mädchen ohne alle Neigung und den Ermahnungen ihrer Eltern zum Trotz mit einem Manne von rohem, niedrigem Charakter verlobt, darauf bei Gelegenheit eines Aufenthalts in Pyrmont W. v. H. als jungen Studenten kennen gelernt und einen tiefen Eindruck von ihm empfangen,

Ebenso wenig wollen tausende von Frauen begreifen oder eingestehen, daß es auch in der Ehe einen physischen Mißbrauch des Weibes, eine Prostitution giebt! Ihre Ausübung auf mehr denn eine Art steht der Willkür des Mannes frei, und das Weib ist allen solchen Gräueln hülflos ausgesetzt, erstens, weil sie vor der Verheirathung keine Ahnung dessen hat, was ihr möglicherweise bevorsteht, und zweitens, weil auf diesem Gebiete die Macht des Gesetzes ihr keinen Schutz gewährt.

Wollten alle die unglücklichen Frauen, welche durch die Gewissenlosigkeit ihrer Männer in das tiefste Elend gestürzt worden sind, den Schleier aufdecken, der über die „heilige" Ehe gebreitet ist, was würde da alles an's Tageslicht kommen!

„Unbilliges erträgt kein edles Herz", läßt Schiller die Gattin des Wilhelm Tell sagen. Warum ertragen denn die Frauen oft das Unwürdigste und Unerträglichste? Sind der edlen Herzen so wenige unter ihnen zu finden? Nein, gewiß nicht; aber sie schweigen und dulden — aus Scham und aus Hoffnungslosigkeit; nur in verhältnißmäßig seltenen Fällen vertrauen sie sich dem Arzte oder dem Seelsorger an und dann erst, wenn es zu spät ist!

* * *

den sie lebenslänglich bewahrte. Obgleich ihr die Verbindung mit dem ungeliebten und unwürdigen Bräutigam nun erst recht zuwider sein mußte und ihr eigentlich hätte unmöglich sein sollen, heirathete sie denselben dennoch und wurde für diesen unbegreiflichen Schritt durch die härtesten Schickungen bestraft. (Ihr Leben ist von Otto Hartwig beschrieben worden.)

Ein anderes Beispiel geistigen Ehebruchs zeigt die Jugendgeschichte der Gräfin Marie d'Agoult (Daniel Stern) der nachmaligen Geliebten Franz Liszt's. Sie erzählt in ihren „Souvenirs, daß einer ihrer Bewerber, mit dem sie innige Zuneigung verband, den sie jedoch aus nicht ersichtlichen Gründen abwies, sich kurz darauf verlobte, wonach auch sie bald ihre Reue und Leidenschaft durch das Eingehen einer gleichgültigen Convenienzehe zu unterdrücken für gut befand.

Daß die Gesetzgebung es sich angelegen sein läßt, die gerichtliche Scheidung möglichst zu erschweren, um leichtsinnige Eheschließungen zu verhindern, erscheint nach dieser einen Seite hin gerechtfertigt. Doch dieses gute Prinzip hat eine sehr schlimme Kehrseite. Denn bei jeder Ehe, welche ihre sittliche Grundlage verloren hat, und zu einem bloßen privilegirten Concubinat herabgesunken ist, müßte die Scheidung nicht allein „um des Herzens Härtigkeit willen" erlaubt, sondern aus moralischen Gründen gradezu geboten sein.\*)

Nun stehen aber besonders der unglücklichen Ehefrau, welche diesen Schritt aus eigenem Antriebe thun möchte, außer den gerichtlichen Schwierigkeiten noch tausend Hindernisse im Wege: Unkenntniß der Gesetze, materielle Bedrängnisse und Familienrücksichten.

Da unsere gesellschaftlichen Einrichtungen der Frau den selbstständigen Erwerb so viel wie möglich erschweren und überdies in den höheren Ständen ihre Erziehung sie sehr oft dazu untauglich gemacht hat, ferner da sie sich nur in seltenen Fällen die freie Verfügung über ihr Eigenthum contractlich vorbehalten hat, so ist sie gewöhnlich in Betreff ihres Unterhalts vom Manne abhängig und muß in ihrer unwürdigen Lage ausharren. Wenn der gewissenlose Mann — vielleicht durch ihre Mitgift — genügende Geldmittel in Händen hat, um einen geriebenen Rechtsvertreter (oder Rechtsschänder) zu bezahlen, so trägt er den Sieg davon und zwingt

---

\*) Möchte bei der bevorstehenden Reform der Gesetze doch dieser Punkt an maßgebender Stelle in Erwägung gezogen werden, und möchte bald auch allgemein die Ueberzeugung die Oberhand gewinnen, daß eine leichtere Lösung der Ehe nicht entsittlichende sondern im Gegentheil versittlichende Folgen haben würde. Es sind hinreichend genug Beispiele vorhanden, wo die Betheiligten, Männer sowohl wie Frauen, durch die endlose Verzögerung der gerichtlichen Scheidung in die übelste Lage und die verschrobensten Verhältnisse gerathen sind.

die Frau, entweder bei ihm zu bleiben, oder sie wird bei der Scheidung auf jede Weise benachtheiligt.

Dagegen gelingt es dem Manne fast immer, die gewünschte Scheidung durchzusetzen. Wenn er es durch sein Benehmen endlich dahin gebracht hat, daß sie die Scheidung verlangt, so hat er seinen Zweck erreicht, und es gilt ihm alsdann gleich, ob er für den schuldigen Theil erklärt wird oder nicht. Denn der geschiedene Mann, mag er noch so schuldbeladen sein, steht niemals in so unvortheilhafter Lage da wie die geschiedene Frau.

Schwerer als alles Andere fallen die Rücksichten auf die Kinder ins Gewicht. Geschieht es doch selbst in Fällen, wo bei der Scheidung der Gatte als der Schuldige gilt, daß ihm über einen Theil der Kinder — d. h. der Söhne im Alter von über vier Jahren — das Verfügungsrecht gelassen wird!*) Ich weiß von manchen Ehen, deren Fortsetzung ein wahrer Skandal ist, und wo die Frau sich trotzdem dazu genöthigt sieht, weil sie ihre Kinder nicht dem moralischen Untergange preisgeben will.**)

---

*) Die bezüglichen Paragraphen im Allg. Pr. L. R. lauten:

„Sind die Eltern geschieden worden, so müssen die Kinder der Regel nach bei dem unschuldigen Theil erzogen werden."

„Ist der Vater zwar der schuldige Theil, die Ursache der Scheidung aber nicht so beschaffen, daß daraus die gegründete Besorgniß einer schlechten Erziehung entsteht, so kann er verlangen, daß ihm die Erziehung der Söhne gelassen wird. [Trunksucht und liederlicher Lebenswandel werden bei einem Vater — wie ich erfahrungsgemäß bezeugen kann — nicht als Umstände betrachtet, welche jene Besorgnisse zu erregen geeignet sind. D. V.]

„Die Pflege der Kinder, welche das vierte Jahr noch nicht zurückgelegt haben, verbleibt ohne Unterschied des Geschlechts bis zur Zurücklegung dieses Alters der auch für schuldig erklärten Mutter, insofern die vorgekommenen Scheidungsursachen nicht von einer solchen Verderbniß des moralischen Charakters zeugen, daß dadurch erhebliche Besorgnisse einer Vernachlässigung der Kinder begründet wird."

**) Wenn ich die nachfolgende, von Charlotte Pape in den „Neuen Bahnen" erzählte wahre Begebenheit hier mit allen Einzelheiten anführe, so geschieht es, weil nichts geeigneter sein

Auch ist die Meinung der „wohlwollenden" Welt gewöhnlich dagegen, daß die Frau selber ihr Recht suchte.

Dies sind die Gründe, warum unzählige Frauen, besonders in den untersten Volksschichten, bis auf's Aeußerste leiden, ehe sie die Gesetze anrufen; denn diese

---

könnte, den Sinn und die Wirkungen der deutschen Gesetze in Bezug auf die rechtliche Stellung der Ehefrauen in das hellste Licht zu setzen.

„Ein Herr S. in Hannover war seit etwa neun Jahren mit einer Dame verheirathet, die er und die ihn aus „reiner Liebe" gewählt. Sie lebten mehrere Jahre sehr glücklich, hatten prächtige Kinder und außerdem alle äußeren Güter. Für das Mißverhältniß, das allmählich zwischen ihnen entstand, gab es keinen weiteren äußeren Grund, als daß allerdings der Mann von seinen Verwandten stets gegen die Frau aufgehetzt wurde. Er fing an, in Allem, was seine Frau that oder ließ, eine gehässige Absicht zu suchen, und es wurde allmählich fixe Idee bei ihm, daß sie ihn verfolge, ja ihm nach dem Leben trachte. Daß die Frau sich zu rechtfertigen versuchte, machte die Sache nur noch schlimmer. Er wurde immer verbissener und behauptete zuletzt, er könnte nicht mehr mit ihr leben und müßte sich scheiden lassen. Zu diesem Wunsche trug auch wohl eine Leidenschaft bei, die er um diese Zeit zu einem jungen Mädchen gefaßt, das er dann zu heirathen hoffte.

Genug, der Mann wünschte eine Scheidung, zu der aber kein gesetzlicher Grund vorlag und die also nicht erfolgen konnte, außer wenn beide Ehegatten freiwillig vor Gericht erklärten, daß sie nicht mehr miteinander leben könnten; daraufhin wurde, oder wird nach vielen Weitläufigkeiten in Hannover geschieden.

Die Frau wollte aber nicht darein willigen; sie wollte womöglich den noch jungen Kindern das Elternhaus bewahren und sie ungetrennt aufwachsen lassen, jedenfalls aber ihren Kindern, deren schon sechs da waren, ein genügendes Vermögen gesichert wissen, ehe es dem Vater ermöglicht wurde, sich wieder zu verheirathen. Letzteres konnte der Mann hiernach nicht thun, da das ganze Vermögen in dem bedeutenden Geschäfte steckte.

Nun suchte er seine Frau durch Quälereien aller Art mürbe zu machen, damit sie auch ohne diese Bedingungen sich scheiden ließe. Die sonstigen Brutalitäten und ausgesuchten Martern kann ich unerwähnt lassen; es kommt mir nur darauf an zu zeigen, was er in Bezug auf die Kinder thun konnte.

Die jüngsten Zwillinge waren nur ein Jahr alt, er konnte

schützen sie nicht einmal ausreichend gegen körperliche Mißhandlungen, noch weniger gegen moralische.

Es ist meiner Meinung nach nicht zu billigen, daß die Gesetzgebung einen Unterschied zwischen höheren und niederen Ständen macht, wodurch der Rohheit in den letzteren Vorschub geleistet wird.

In der Abtheilung des Allg. Pr. Landrechts, welche

---

sie darum der Mutter nicht entziehen. Denn bis ein Kind vier Jahre alt ist, erlaubt das Gesetz nicht, daß es der Mutter fortgenommen wird; nicht etwa aus Rücksicht auf die Mutter, sondern ausgesprochenermaßen um des Kindes wegen, da es eher doch der mütterlichen Pflege nicht entbehren könne. Aber die vier älteren Knaben wurden systematisch von der Mutter, die ganz und gar mit ihnen und für sie gelebt hatte, getrennt, bis sie dem Scheidungsvorschlage zugestimmt haben würde. Für diesen Fall wurden ihr die beiden jüngeren versprochen.

Anfangs wurden die Kinder unter beständiger Aufsicht eines Hauslehrers in der unteren Etage des Hauses gehalten, während Frau S. mit den kleinsten auf die oberste beschränkt wurde. Die Kinder durften nicht zu der Mutter gehen, nicht einmal um nur „Guten Morgen" oder „Gute Nacht" zu sagen; stahl die Mutter sich zu ihnen und wurde es bemerkt, so folgten Drohungen und neue Quälereien. Um die Absperrung vollständiger zu machen, schickte dann der Vater die Kinder zu seinem Bruder, der in demselben Orte aber entfernt wohnte. Als die Mutter dort einmal ihre Kinder, von denen sie gehört, daß sie krank lägen, besuchen wollte, wurde ihr auf Befehl des Vaters verweigert, sie zu sehen. Noch einmal machte sie den Versuch, zu ihnen zu dringen, als sie erfahren hatte, daß ihr Schwager nicht zu Hause wäre, es war derselbe, der viel gethan, um das Zerwürfniß zwischen den Eheleuten herbeizuführen. Dieser Herr hatte aber für solchen Fall den Auftrag gegeben, ihn sofort holen zu lassen, was jetzt auch geschah. Er zwang die Mutter, ihre Kinder sofort zu verlassen, da er von deren Vater bevollmächtigt sei, jeden Verkehr mit ihr zu verhindern. Hierauf zog Herr S. mit den vier Knaben nach Berlin.

Fast zwei Jahre vergingen nun, während deren die Mutter ihre Kinder nicht sehen konnte, auch nichts von ihnen erfuhr, außer sehr gelegentlich durch einen Zufall von dritten Personen.

Von Zeit zu Zeit bot der Vater ihr immer einmal wieder einige von den Kindern an, wenn sie sich auf seine Bedingungen wolle scheiden lassen. Auf ihre Anfragen und Briefe an die

von den Ehescheidungsgründen handelt, sind als solche u. A. bezeichnet: „Nachstellungen nach dem Leben und solche Thätlichkeiten, welche Leben und Gesundheit in Gefahr setzen," und es ist hinzugefügt: „Wegen bloß mündlicher Beleidigungen und Drohungen, ingleichen wegen geringer Thätlichkeiten sollen Eheleute gemeinen

---

Kinder erhielt sie nie eine Antwort. Später erfuhr sie, daß nie ein Brief oder Geschenk von ihr den Kindern abgegeben und ihnen streng verboten worden war, der Mutter zu schreiben.

Inzwischen war nun von Seiten der Frau die Scheidung wegen böswilliger Verlassung beantragt, nachdem sie es ganz unmöglich gefunden, sich sonst in irgend einer Weise mit ihrem Manne zu arrangiren. Einer juristischen Form wegen mußte sie noch einmal in ihres Mannes Haus gehen, um vor Zeugen ihre Bereitwilligkeit nicht wieder mit ihm zu leben zu erklären. Bei dieser Gelegenheit verlangte sie ihre Kinder zu sehen. Der Mann wagte nicht, es abzuschlagen; doch durfte es nur in Gegenwart des Hauslehrers und für eine bestimmte kurze Zeit sein. Ich will nicht davon sprechen, welch ein Wiedersehen das war: wie die Kinder sich an die Mutter, die ihnen Alles gewesen war, klammerten und nach Ablauf der bestimmten Zeit mit Gewalt von ihr losgemacht werden mußten; wie der Mutter zu Muthe war, als sie ihre sonst so sorglich gepflegten Lieblinge vernachlässigt aussehend und mit ernstlich erschütterter Gesundheit fand und sie verlassen mußte, um vielleicht Jahre lang nichts von ihnen zu hören!

Diesmal hörte sie aber schon nach wenigen Monaten von ihnen. Ihr Anwalt in Berlin, der es zufällig erfahren, theilte ihr mit, daß zwei ihrer Knaben am Scharlachfieber lägen, einer auf den Tod. Sie reiste sofort zu ihnen, und der Vater hatte auch nicht den Muth, ihr den Platz am Sterbebette ihres Erstgeborenen zu verweigern, obgleich er natürlich das gesetzliche Recht dazu gehabt hätte. Aber kaum war das Kind todt und begraben, als er die Mutter buchstäblich mit Gewalt aus seinem Hause trieb, trotzdem der andere Knabe noch in Lebensgefahr war. Vierzehn Tage später erhielt sie ein Telegramm von ihrem Manne, worin er ihr den Tod des dritten Knaben, den sie noch gesund verlassen, anzeigte und hinzufügte, er widerriethe ihr zu kommen. Nachher erfuhr Frau S., daß dies Kind unverantwortlicherweise geopfert sei, indem sein Vater es in einem Tage von Berlin nach Hannover und wieder zurück hatte bringen lassen, während es schon das Fieber hatte. Von den beiden

Standes nicht geschieden werden. Auch unter Personen mittleren und höheren Standes kann übrigens die Scheidung aus dem gedachten Grunde nur alsdann stattfinden, wenn der beleidigende Ehegatte sich solcher Thätlichkeiten und Beschimpfungen ohne Veranlassung, muthwillig und wiederholt schuldig macht."

Bis zu welchem Grade nun aber die Vertreter des Rechts den Begriff „geringer" Thätlichkeiten bei dem gemeinen Volke zuweilen ausdehnen, ist recht deutlich aus folgendem Bericht aus der Reichshauptstadt (Tägl. Rundschau, Januar 1886) zu ersehen.

„Die Frau des Schuhmachers K. suchte im Juli vergangenen Jahres bei der Polizei Schutz gegen die

---

Ueberlebenden bekam sie auch jetzt niemals Nachricht, obgleich das eine noch monatelang schwach blieb.

Endlich wurde die Scheidung ausgesprochen und der Mann als der schuldige Theil verurtheilt; zugleich wurden auch die Kinder bis zur endgültigen Entscheidung der Frau zugesprochen. Als der Gerichtsdiener in dem Hause des Herrn S. erscheint, um die Kinder abzuholen und der Mutter zu überbringen, sagt man ihm, die Kinder seien nicht dort, und man wüßte auch nicht, wo sie sich befänden. Ersteres war auch richtig. Sowie Herr S. von der Entscheidung des Gerichts gehört, hatte er die beiden Kinder ins Ausland geschickt, damit die Mutter sie nicht bekommen könnte. Da er durch seine Weigerung, die Kinder herauszugeben sich jetzt einem gerichtlichen Befehle widersetzt hatte, sollte er allerdings zur Strafe dafür verhaftet werden. Natürlich hatte er sich bei Zeiten entfernt, und das Gericht ließ damit die Sache auf sich beruhen. So liegt sie auch noch; die arme Mutter weiß noch nicht, wo ihre Kinder sind, und wenn sie es wüßte, hülfe es ihr auch nichts; sie würde sie doch nicht bekommen.

Für den Ungehorsam gegen den Gerichtsspruch ist zwar ein Haftbefehl erlassen; zu allem andern aber, was jener Mann in Bezug auf die Kinder gethan, konnte der Schutz des Gesetzes überhaupt nicht angerufen werden. Er hatte ein volles gesetzliches Recht dazu; Niemand konnte es ihm wehren, Niemand der Mutter helfen.

Jeder Vater hat dasselbe souveräne Verfügungsrecht über die Kinder — bei uns, in dem christlich-civilisirten Westen, nicht im barbarischen Osten — jeder Mutter kann begegnen, was

fürchterlichen Mißhandlungen ihres trunksüchtigen Mannes. Sie war mit blutrünstigen Flecken wie übersät und zeigte eine tiefe Bißwunde im linken Arm. Der Mann wurde vom Schöffengericht zu einem Monat Gefängniß verurtheilt; da er aber gegen das Urtheil Einspruch erhob und nachwies, daß er seiner Frau den Biß beigebracht habe, als sie sich eines Tages zur Wehr setzte, wobei er fast unterlegen wäre, wurde seine Strafe auf zwei Wochen Gefängniß herabgesetzt.

Und Er soll Dein Herr sein!

Manche Frauen sind zufrieden mit ihrem entsetzlichen Loose, weil sie von Kindheit auf nichts anderes gesehen und gekannt haben; andere werden durch die Tiefe ihres Elends gefühllos. Ich habe Beispiele von seelischer Abstumpfung unter armen Weibern erlebt, die mir das Herz zerrissen. Zuweilen dreht Eine auch den Spieß um und übt Rache am Manne, sobald sie einmal die Oberhand gewinnt, prügelt ihn, wenn er sinnlos

---

Frau S. leiden mußte, wenn es ihrem Manne so beliebt. Das Gesetz kennt keine Mutterrechte; von Männern für Männer gemacht, kennt es nur den Vater [außer bei den unehelichen Kindern. D. V.]. Dieses Gesetz ist ein Frevel gegen das ewige Gesetz der Natur, welches schon im Thierreiche die Mutter zu dem Kinde in ein unverrückbares Verhältniß stellt, während es von dem Vater kaum etwas weiß! Es ist ein Hohn auf das Leiden, die Angst, die Sorge und Pflege, womit die Mutter, nicht der Vater sich das Kind erkauft!"

(Neue Bahnen, Organ des allgemeinen deutschen Frauenvereins, herausgegeben von Louise Otto und Auguste Schmidt. No. 2. 1876.)

Ich könnte dieser erschütternden Erzählung noch einige eclatante Beispiele aus meinem eigenen Bekanntenkreise hinzufügen, allein es scheint mir für die Kennzeichnung unserer Lage genügend, daß ich den Ausspruch wiederhole, den im Jahre 1888 der ehemalige Staatssekretär Graf Herbert Bismarck in Sachen der Königin Natalie von Serbien gethan:

„Bei uns herrscht das salische Gesetz; die Frauen zählen nicht."

betrunken ist, oder läßt ihn verkommen, wenn er hülflos auf dem Krankenlager liegt.

„Pack schlägt sich, Pack verträgt sich," pflegen Diejenigen verächtlich zu sagen, welche die Verfeinerung der Sitten mit Sittlichkeit verwechseln und die Menschheit in „das Volk" und „die feine Welt" oder „die gute Gesellschaft" eintheilen, ohne daran zu denken, daß sie selber auch einen Theil des Volkes bilden und die Verpflichtung haben, für eine bessere Erziehung der unteren Stände mit zu sorgen und zu wirken, vor Allem durch gutes Beispiel.

---

Wenn wir nun alle in dem Kapitel über das Eheleben angeführten Thatsachen zusammenfassen, so ergeben sich daraus folgende Betrachtungen:

Weder Gesetzgebung noch öffentliche Meinung schützen die Frau bis jetzt zur Genüge in ihrem Recht und in ihrer Würde und werden es auch ferner nicht thun, so lange sie nicht lernt, sich selber zu schützen. Sie braucht deswegen kein Jota von ihrer Weiblichkeit fahren zu lassen. Denn wenn ihr auch gegenwärtig noch nicht gestattet ist — und vielleicht in unabsehbarer Zeit nicht gestattet sein wird — thätig wirksamen Antheil an der Gesetzgebung zu nehmen, so ist doch ihr Einfluß auf die öffentliche Meinung ein sehr gewichtiger, und sobald ihre moralischen Anschauungen erst allgemein durch Nachdenken geläutert und gehoben sein werden, wird das ganze Leben eine andere Gestalt gewinnen.

---

## Achtes Capitel.
# Ein alttestamentliches Vorurtheil und seine Folgen.

       *Hier ist eine Lüge aufgeflanzt
mitten in der Gesellschaft; reißt sie
nieder bis auf den Grund!*
           Mrs. Jameson.

Die eingewurzelten Vorurtheile der Frauen in Bezug auf die Ehe haben noch weitere Folgen, als die bisher besprochenen.

Zunächst und in besonderem Maße haben die geschiedenen Frauen darunter zu leiden. Ob dieselben ehrvergessene Sünderinnen oder schuldlose Opfer sind, wird selten einer strengen Prüfung unterzogen; meistenstheils bringt ihnen die weibliche Welt Uebelwollen, Verdacht und Mißtrauen entgegen. Ist es doch viel bequemer, summarisch zu verfahren, als sich die Mühe des Untersuchens aufzuerlegen. Es genügt anzunehmen, was „welterfahrene" Frauen zu sagen pflegen: daß neunmal unter zehn Scheidungsfällen unfehlbar das Weib die Schuld trage; also mag der zehnte Fall auch schon mit unterlaufen!

Mir ist erzählt worden, daß eine gebildete, höchst ehrenhafte Frau, welche schweres Unrecht erlitten und sich nach der von Seiten des Mannes gewaltsam herbeigeführten Auflösung ihrer Ehe mit zwei Kindern in der bedrängtesten Lage sah, viel vergebliche Versuche machen mußte, um irgend eine Anstellung als Pflegerin, Gesellschafterin oder Vorleserin zu erlangen, da mehr als eine alte Dame ihr Gesuch ablehnte, weil sie eine Geschiedene nicht gern in ihrer Umgebung haben mochte.*)

Auch die Wittwen müssen ihren Antheil von der Parteilichkeit ihres Geschlechts hinnehmen. Die Wiederverheirathung einer solchen in nicht mehr jugendlichem Alter erfährt fast immer die Mißbilligung der Frauen, selbst wenn sich nicht der geringste stichhaltige Grund dagegen vorbringen läßt; aber gegen die vierte Verheirathung eines Mannes, oder gegen naturwidrige, geradezu monströse Ehen zwischen Greisen und jungen Mädchen haben sie in der Regel nichts einzuwenden.

---

*) Eine Neuerung am englischen Hofe wurde der „Frankfurter Zeitung" vor wenigen Jahren aus London gemeldet: „Bisher war es der Gebrauch, solchen Damen, die ohne ihr eigenes Verschulden von ihren Gatten geschieden sind, den Zutritt zu Hofceremonien, besonders den sogenannten drawing-rooms, zu verbieten. Die Königin wünschte dies drakonische Gesetz längst zu ändern, von der Ansicht ausgehend, daß man eine Frau nicht bestrafen solle für ein von ihrem Gatten begangenes Verbrechen, so lange kein Tadel auf ihr ruhe. Die Angelegenheit wurde vor einen Cabinetsrath gebracht. Das war zur Zeit der zweiten Administration des Herrn Gladstone; aber die rechtgläubige Seele dieses Staatsmannes und des noch bigotteren Lordkanzlers Selborne sträubte sich gegen diese Zumuthung, und die Angelegenheit wurde fallen gelassen. Die Königin hat ihre conservativen Minister nachgiebiger gefunden, denn nun (anno 1889) ist ein Erlaß geschehen des Inhalts, daß geschiedene Damen, d. h. solche, die sich von ihren Gatten haben scheiden lassen, um spezielle Erlaubniß zur Vorstellung einkommen dürfen. Dies ist um so billiger, als geschiedenen Männern der Zutritt zum Hofe nie verwehrt war."

Sie finden es bei dem Manne unter allen Umständen selbstverständlich, daß er für seine Bedürfnisse sorgt, ohne darnach zu fragen, ob er der erwählten Gefährtin ein volles Liebes= und Lebensglück zu bereiten im Stande ist; von der verwittweten Frau dagegen mindestens un= begreiflich, daß sie ein neues Ehebündniß eingehen mag. Denn sie hat ja das irdische Glück genossen, **überhaupt verheirathet gewesen zu sein**; war die Ehe glück= lich, so soll eine übertriebene Auffassung von weiblicher Keuschheit, eine überschwängliche, über das Grab hinaus= reichende Treue,   war sie unglücklich, so soll die ge= machte Erfahrung sie von der Vereinigung mit einem zweiten Gatten abhalten, widrigenfalls sie den Anspruch verliert für „ein Weib, wie es sein soll", gehalten zu werden.\*)

Selbstredend haben die Tadlerinnen hier wiederum nur Frauen der gebildeten Stände im Sinne, denn Niemand nimmt Anstoß daran, daß bei dem „gemeinen Volke" sowohl junge wie alte Wittwen möglichst bald auf ihre abermalige Versorgung bedacht sind, und daß junge Männer sich mit Frauen, welche zehn bis fünf= undzwanzig Jahre älter sind, ein gut eingerichtetes Ge= schäft oder dergleichen erheirathen. Mit einem Worte:

---

\*) So ist z. B. die Wittwe des Dichters Alexander Petöfy hart angegriffen, ja verdammt worden, weil sie nach kurzer, sehr glücklicher Ehe bereits ein Jahr nach dem muthmaßlichen Tode des Gatten — er blieb nach dem Gefecht bei Segesvar im Juli 1849 verschollen — einen zweiten Mann nahm, der dem ersten bei weitem nicht geistig ebenbürtig war, sie aber dennoch glücklich machte. Als eine Nemesis für ihre „seelische Untreue" wurde das tragische Lebensende dieser Frau hingestellt, welche in tiefer Geisteszerrüttung freiwillig Mann und Kinder verließ, um allein zu sterben. Ihren Entschluß zur Wiederverheirathung hat Frau Julia Horvat selber damit „enträthselt", daß sie gestand, das einsamen Leben nicht haben ertragen zu können, da sie als schutzloses Weib fortwährend Aufdringlichkeiten und Beleidigungen ausgesetzt gewesen sei.

die Vergewaltigung der Natur heißen sie unbedingt gut, wo immer dieselbe zum Nachtheil des eigenen und zu Gunsten des anderen Geschlechts verübt wird.

Ein vollgehäuftes Maß von Ungerechtigkeit wird den ehelosen Frauen zu tragen auferlegt, und sie tragen es, wie die Thiere ihre gewohnte Last, weil sie glauben, daß es so sein müsse.

„Der Mann ist nicht geschaffen um des Weibes willen, sondern das Weib um des Mannes willen (1. Korinth. 11,9). Ihr einziger Lebenszweck besteht darin ihm zu gefallen und zu dienen; ihr Dasein gewinnt nur Berechtigung durch ihn und mit ihm."

So vernunftwidrig diese Lehre ist, so bildet sie doch leider bis auf den heutigen Tag die Grundlage der allgemeinen Weltanschauung bei uncivilisirten und civilisirten Völkern; alle das Weib betreffenden socialen Einrichtungen nehmen sie zum Ausgangspunkt; auch die Vertreter des kirchlichen Christenthums haben sie, entgegen dem Sinne ihres Religionsstifters, beibehalten, wenngleich sie nur Veranlassung gegeben hat, den physisch schwächeren Theil der Menschheit auf jede erdenkliche Weise zu schädigen.

Am eifrigsten bekennen sich die Frauen selbst zu dieser Lehre. Die zwiefache Ungerechtigkeit, mit welcher sie dem eigenen Geschlecht und der eigenen Person entgegentreten, nimmt eine wahrhaft lächerliche Form an in der Ueberhebung der verheiratheten Frauen über die ledigen. Sie ist in erster Linie eine Selbstunterschätzung, indem die Verehelichte (und auch Diejenige, welche mit allen Mitteln nach der Verehelichung strebt) sich gleichsam als Null betrachtet, welche erst Werth erhält, wenn sie hinter eine Ziffer gesetzt wird.*)

---

*) Wenn ein Mann (wie Herwegh) sagt: Die Emanzipation des Weibes sei die Ehe; nur durch diese werde sie dem Schicksal ihrer Nation einverleibt (!), so kann man dies von seinem

Eine vernünftige Weltanschauung lehrt uns schon, daß die Thiere nicht um der Menschen willen existiren, wie gewöhnlich angenommen wird. Denn Myriaden von thierischen Wesen waren vor dem Menschen da, und ebenso kommen Myriaden von Thieren niemals mit dem Menschen in Berührung, sondern sind sich selber Zweck und dienen als Mittel zum Fortbestehen der ganzen Schöpfung. Jede Monade ist, wenn auch als Glied dem Ganzen eingereiht, zuerst um ihrer selbst willen da; also auch das Weib, die Krone der Schöpfung (wie die Männer sagen, wenn sie uns schmeicheln wollen.) Sie ist nicht „der Mond des Mannes", durch ein unabänderliches Gesetz gezwungen, sich nur um ihn zu bewegen und sich begleitend seiner Bahn anzuschließen, sondern sie ist zu selbsteigenem Denken, Handeln und Wirken bestimmt. Aber sie strebt nach der Verbindung mit ihm, wie auch der Mann nach der Verbindung mit dem Weibe strebt, weil beide für einander da sind und in einträchtigem Doppelleben zur möglichst hohen Lebensvollendung gelangen.

Da nun aber nicht immer dieser heilige Zug der Natur dem Trachten nach der Ehe zu Grunde liegt, vielmehr oft Beweggründe sehr äußerlicher Art, und da es ferner durchaus nicht immer die besten und würdigsten Jungfrauen sind, denen „der Preis der Ehe" zuertheilt wird, so ist es mehr als thöricht, wenn sich die verheiratheten Frauen aus der Fügung des Geschickes einen

Standpunkt aus allenfalls erklärlich finden; wenn aber eine Frau (Anna Vogel) ihren Genossinnen predigt: daß nur diejenige, welche in selbstvergessenem, aufopferungsvollem Magdsdienste dem Manne ihr Leben weihe, diesem gleichberechtigt und gleichwerth sei in ethischer (!!) Beziehung, nur ihr alle Achtung und aller Segen gebühre, nur sie ohne Selbstüberhebung zum Manne sprechen dürfe: „Ich bin deiner werth, bin deine Hälfte", — so ist das eine Sprache, die an hündischer Schwanzwedelei nichts mehr zu wünschen übrig läßt.

individuellen Vorzug und eine persönliche Ehre machen, während sie mit halb mitleidigem, halb geringschätzigem Stolz auf ihre unvermählten Schwestern herabblicken als auf unebenbürtige, nicht zu gleicher Achtung berechtigte Wesen, die ihr Schicksal gewissermaßen durch Mangel an eigenem Werth verschuldet haben. Manches Mädchen bleibt einsam, weil sie ihre Würde zu hoch hält, um sich an einen ungeliebten oder nicht von ihr geachteten Mann wegzuwerfen; ist sie darum nicht ehrenwerther als die Frau, welche Titel und Stellung mit ihrer Person erkaufte? Wem wären nicht in seinem Leben schon Frauen begegnet, die den Stempel der Vollkommenheit zu tragen glauben, weil sie vor dem Trau=altar gestanden haben, deren Charakter jedoch ebenso widerwärtige und unleidliche Seiten herauskehrt als derjenige so mancher lediger Frauen, welche einer verbitterten und gehässigen Stimmung anheimgefallen sind. Und lassen sich in den Reihen der Matronen etwa nicht auch getreue Seitenbilder finden zu jenen typischen Gestalten der Geizteufel, der Tugenddrachen, oder der sentimentalen, unermüdlichen Ehestifterinnen, obgleich diese allesammt gewöhnlich nur unter dem Bilde alter Jungfern vorgeführt werden? Ist die Titelsucht, sind die kleinlichen Etiquettefragen und Rangstreitigkeiten der Frauen nicht oft lächerlicher als die Schrullen und Eigenheiten bejahrter Fräulein? Und ist die blinde Affenliebe für Kinder und Großkinder in ihren Folgen nicht viel verderblicher und deshalb vielmehr zu tadeln als die stets so unbarmherzig verhöhnte Zärtlichkeit alleinstehender Frauen für ihre Lieblingsthiere?

Wenn etliche dieser tugendstolzen Ehefrauen sich ein hochmüthiges und rücksichtsloses Benehmen gegen Unverheirathete erlauben zu dürfen meinen, dagegen dem anderen Geschlecht eine auffallende Unterthänigkeit bezeigen, so drängt sich mir immer der Verdacht auf, daß der letzteren Kundgebung nicht unbedingt zu trauen ist.

Denn wie es Ehemänner giebt, welche vor der Welt gern die Rolle des gestrengen Haustyrannen spielen, weil sie daheim der Pantoffel drückt, so trägt umgekehrt manche Ehefrau gelegentlich eine unterwürfige Miene zur Schau, während ihr Auftreten im häuslichen Kreise das Gegentheil von Demuth zeigt.

In die Fußstapfen der ihren Werth in den Trauring setzenden Frauen treten diejenigen, „die es werden wollen", die heirathssüchtigen Mädchen, welchen kein Preis zu hoch und kein Weg zu krumm ist, um ihr Ziel zu erreichen.

Das Weib soll nicht freien; da man es jedoch ihr allein zur Last legt, wenn sie nicht gefreit wird, da man sie überdies zur Unmündigkeit und Unselbstständigkeit erzieht und ihr Mittel und Wege zu einer erträglichen, anständigen Einzelexistenz möglichst abschneidet, so ist die ganz natürliche Wirkung dieser Ursachen, daß viele Mädchen, wenn nicht aus innerem Antriebe, so doch aus Furcht vor dem Schicksal der Alleinstehenden jene Vorschrift der Sitte über den Haufen stoßen und die Initiative ergreifen. Es ist eine beschämende Thatsache, daß es fast keinen ledigen Mann giebt, dem nicht, zumal wenn er Amt und Brot hat, von mindestens einem weiblichen Wesen Liebeserklärungen oder directe Heirathsanträge zugehen. Und blieben die „reellen" Heirathsgesuche der Herren, denen es an Damenbekanntschaft fehlt, ohne Erfolg, man würde sie nicht zu Dutzenden in den Spalten der Tagesblätter finden. Auf die Greuel der Heirathsbureaus will ich hier nur hindeuten. In den unteren Ständen suchen manche Mädchen durch Preisgebung ihrer Ehre eine Handhabe zu gewinnen, mittelst deren sie den Mann zur Heirath zwingen können.*)

---

*) Unter der Landbevölkerung in meiner norddeutschen Heimath wird es von den Weibern in der That für eine Art Schmach gehalten, unverehelicht geblieben zu sein; sie gehen des=

Charles Secrétan schreibt: „Man wird uns gern zugeben, daß die keusche Jungfrau höher steht als die Dirne; aber hat man es sich überlegt, daß man in die Seele des jungen Mädchens den Keim zur Dirne pflanzt, indem man es von Kindheit auf daran gewöhnt, im männlichen Geschlecht den alleinigen Zweck und Grund seines Daseins zu erblicken?"

Nein, das hat man freilich nicht; ebenso wenig bedenkt man, wie vernunftswidrig es ist, alle jene Schwächen, Untugenden und Fehler unnachsichtig zu rügen und zu ahnden, die man selbst zuvor mit Sorgfalt an den Töchtern großgezogen.

Eine andere Frucht der Erziehungsweise, durch welche das Weib gelehrt wird, ihres Gleichen gering zu achten, ist das unbedachte, herzlose Gespötte junger Mädchen über unverheirathete alte Frauen von harmloser Natur, welche vielleicht hie und da einige wunderliche Seiten zeigen. Sie wissen nur zu gut, wie bald sie selber in das Register der Alten eingeschrieben werden, und manches vierundzwanzigjährige Mädchen trägt, während es in Gemeinschaft mit jungen Männern eine „alte Schachtel" verhöhnt, schon die peinlich drückende Angst im Herzen, selber „sitzen zu bleiben", und „auf den Backofen geschoben zu werden."

Aus solchen Wesen entwickeln sich dann die verbitterten, neidischen, boshaften, mit einem Worte: unleidlichen alten Jungfern, von denen es zweifelhaft ist, ob sie mehr sich selbst oder Anderen zur Qual leben.

Weitere Opfer des Wahnes, daß die unvermählt Gebliebene ein verfehltes zweckloses Dasein führe und der

---

halb oft noch in sehr spätem Alter unglaublich thörichte Heirathen ein. Als ich einst ein Wittwenversorgungshaus besuchte, in welchem ausnahmsweise ein altes Mädchen untergebracht worden war, und diese nach ihrem Namen fragte, log sie mir ins Gesicht, indem sie zur Antwort gab: „Mein Mannsname ist so und so."

ganzen Menschheit zur Last falle, sind die vielen er=
barmungswürdigen Wesen, welche die Fatalität ihres
Vorhandenseins dadurch gut zu machen suchen, daß sie
sich entweder in ohnmächtiger Schwäche zum Schutz=
riegel für ihre Umgebung machen, oder Anderen ihre
Opferwilligkeit aufdrängen, oder auch ihre Zeit mit
Werken der Wohlthätigkeit ausfüllen, zu denen sie keinen
Beruf haben und mit welchen sie wenig oder gar keinen
Segen stiften.

„Denn des Weibes Bestimmung
Ist, wie ein sprachloser Geist geduldig und stille
zu harren,
Bis eine fragende Stimme den Bann ihres
Schweigens aufhebt.
Darum ist so vieler leidender Frauen inneres Leben
Sonnenlos, stille und tief, wie unterirdische Flüsse
Dunkele Höhlen durchlaufend, dem Blicke verborgen,
unfruchtbar,
Ringend mit steinigem Weg unter endlosem, nutz=
losem Seufzen."

So läßt Longfellow ein bekümmertes, noch junges
Mädchen sprechen.*) Es mag wohl seine eigene Auf=
fassung von des Weibes Bestimmung und den unab=
änderlichen Uebeln, die damit verknüpft sind, gewesen sein.

Wie ein Extrem gewöhnlich das andere erzeugt,
so hat sich im schroffsten Gegensatz zu der zuletzt ge=
schilderten Frauenklasse eine Specialität der Neuzeit her=
ausgebildet: Die im üblen Sinne emanzipirte
Frau, welche sich über ihr Geschlecht zu erheben glaubt,
indem sie Alles, was wahrhaft weiblich ist, sammt den
weiblichen Schwächen verachtet und abstreift. Aber Er=
scheinungen solcher Art sind, Gottlob, doch nur selten

---

*) The courtship of Miles Standish.

und werden als krankhafte Auswüchse mit der Hebung der ganzen menschlichen Gesellschaft durch verbesserte sociale Verhältnisse wieder verschwinden.

* *

Wir kommen nunmehr zu der ungeheuren Zahl lediger Frauen aller Stände und Bildungsstufen, welche gern ihre Weiblichkeit bewahren und ihr Leben würdevoll gestalten möchten, jedoch durch die Ungunst der Zeit und der bestehenden Einrichtungen gebieterisch aus ihrer natürlichen Stellung hinausgedrängt werden. Sie müssen und wollen den Kampf ums Dasein ehrlich durchkämpfen aber **männlicher Egoismus** und **weibliches Vorurtheil** stellen sich ihnen übermächtig in den Weg.

Der Erstere beutet die recht- und wehrlose Lage, die der Frau von Gesetz und Sitte angewiesen ist, auf rücksichtslose, man kann sagen, auf schamlose Weise aus; das Letztere hält trotz alledem an der Chimäre von der geachteten Stellung der Frauen fest und glaubt das Weib am besten aufgehoben, wenn es in völliger Unmündigkeit sich willenlos den bestehenden Einrichtungen unterwirft.

Was ist wohl besser geeignet ad oculos den Beweis zu liefern, wie sehr sich diese Einrichtungen und Anschauungen überlebt haben, als der gegenwärtige Nothstand des weiblichen Geschlechts?

Die Zahl derer, „welche vom Schicksal ihrer Nation ausgeschlossen sein sollen", d. h. die sich selber und ihrem Schicksal überlassenen Frauen, welche als Minderheit bisher keine Beachtung fanden, sie ist angewachsen gleich einer Hochfluth, die sich über ihre Dämme ergießt, weil sie Raum haben will und muß. Diese unübersehbare Zahl der unversorgten Frauen pocht jetzt an die cherne Pforte der Staatsgesetze und verlangt die Berechtigung, ihr Brot nach eigener freier Wahl erwerben zu können.

Sollte man nicht erwarten, daß diese Berechtigung allen gebildeten Menschen am Schlusse des neunzehnten Jahrhunderts einleuchten müßte? In Dänemark, Schweden, Rußland, der Schweiz, in Italien, England und Amerika hat die Frauenbewegung bereits einen mächtigen Anklang in der öffentlichen Meinung und die kräftigste Unterstützung durch das unerschrockene, energische Vorgehen der Frauenwelt gefunden, — doch in Deutschland ist man noch weit davon entfernt. Die deutsche Frau ist ja stolz darauf, das zu sein, was der deutsche Mann als sein Ideal der Weiblichkeit aufgestellt hat, ein Wesen, das sich aller Selbstständigkeit begiebt und lediglich durch seine Brille schaut. Daher die tödtliche Gleichgültigkeit, das Zaudern und Schwanken, Hemmen und Widerstreben in allen Dingen, die das Wohl und Wehe ihres Geschlechts angehen.

„Unweiblich ist, was den Männern mißfällt"; in diesem Satze vereinigt sich ihre ganze Lebensphilosophie. Es ist besonders die lächerliche Furcht vor dem Geruch der Emanzipation, welche nicht nur das Heer der gedankenlosen Frauen, sondern leider auch manches tüchtige, hochbegabte weibliche Wesen in ihrem Banne hält\*) und an der freien Entwickelung und Bethätigung ihrer Geistesfähigkeiten hindert. Das Wort Emanzipation bedeutet ihnen nicht, was es in Wahrheit ist: Befreiung vom Wahne, von der Dummheit, von überlebten Vorurtheilen, sondern ein Ueberschreiten von Schranken, welche vermeintlich die Gottheit und die Natur dem Weibe gesteckt haben.

Man decretirt: „Die Frau soll keinen Beruf er-

---

\*) Durch diese Furcht ließ sich auch Madame de Staël, obwohl sie keine Deutsche war, verleiten, der Welt eine Concession zu machen, indem sie einem ihrer Schriftwerke die Worte voransetzte: „Ein Mann darf der allgemeinen Meinung Trotz bieten; ein Weib muß sich derselben fügen."

greifen, der dem Manne allein zukommt," und zieht die Grenzen der weiblichen Berufsarten so eng, als es der Vortheil der Männerwelt erheischt, nicht aber das Wohl der Frauen, wie man heuchlerisch vorzugeben beliebt. Denn des Pudels Kern ist doch, daß die Frauen von jeglicher Berufsthätigkeit ferngehalten werden sollen, die den Männern irgend welchen lohnenden Gewinn, Ruhm und Lebensgenuß einträgt, und daß sie der Möglichkeit beraubt sein sollen, sich jemals volle Unabhängigkeit zu erringen.

Daraus entspringt vor Allem der Horror vor der wissenschaftlichen Ausbildung der Frauen zum Zweck ihrer künftigen Verwendung in öffentlichen Aemtern.

Einige in den Fußstapfen Schopenhauers wandelnde Männer, wie Joh. Scherr, Ed. v. Hartmann u. A. nehmen kein Blatt vor den Mund, um ihre Meinung von der hoffnungslosen Dummheit der Weiber zu verbergen und wollen die in ihren Augen unverzeihliche Anmaßung dieser Creaturen einfach durch Schimpf, Spott und Cynismus der gröbsten Art zurückdrängen. Da aber das Schimpfen gegen den guten Ton verstößt und auch nicht wirksam genug ist, so zieht es der größere Theil der modernen Gelehrtenwelt vor, ihre Einwendungen gegen das Frauenstudium mit allerhand pseudo-wissenschaftlichen und ethischen Gründen zu belegen, und faßt damit das schwache Geschlecht bei seinem Tollpunkt: dem Weiblichkeitswahn.

Zuerst rücken die Schulmänner und Pädagogen ins Treffen mit der Behauptung, daß das wissenschaftliche Studium mit allen seinen Vorbedingungen und Anforderungen die Kräfte des weiblichen Organismus weit übersteige und denselben zu sehr schädige. Die vielen anderweitigen Ursachen, durch welche derselbe zwecklos geschädigt wird und oft bereits geschädigt worden ist, ehe die Anstrengung des Studiums hinzutritt, läßt man bei dieser Gelegenheit gern bei Seite liegen.

Dann kommen die Aerzte\*) und erklären, daß die Frauen, wenn auch zum Erlernen der Heilkunde ausreichend befähigt, doch von Natur und Sitte nicht dazu berufen und folglich nicht berechtigt seien, und verweisen sie auf die Krankenpflege als ihr eigentliches Gebiet. Also auch den Begabtesten unter ihnen soll ein untergeordneter Handlangerdienst genügen, der zu viel Aufopferung und Entsagung heischt, als daß er der Neigung eines Mannes entsprechen könnte.

Weiter meinen die Philosophen und Aesthetiker,\*\*) das Weib müsse nothwendigerweise allgemeinere Pflichten opfern oder hintenansetzen, wenn sie zum Wettkampf mit der männlichen Intelligenz in die Schranken träte; der Schmelz echter Weiblichkeit, jene primitive Empfindung, welche als mächtiger Hebel das gesammte Seelenleben des Weibes beherrsche, nämlich die Empfindung, daß die Mutterschaft ihr höchstes Glück sei, müsse verloren gehen, und als Ergebniß würden uns Frauen entgegentreten, welche die eigene Kinderlosigkeit mit Wohlgefallen betrachten, „da Kinder eine zu arge Last sind." Wie wunderbar, daß den Herren Philosophen gerade diese Art von Frauen, oder richtiger gesagt Damen, noch nicht als Ergebniß der herkömmlichen, oberflächlichen Erziehung für die große Welt entgegengetreten sind, Frauen, welche jeder ernsten wissenschaftlichen Beschäftigung ebenso abhold sind wie der Erfüllung mütterlicher Pflichten! Giebt es nicht heute schon Beispiele genug zur Widerlegung der obigen Prophezeihung? Und wie viele Prozente der ledigen Frauen sind denn zur Mutter-

---

\*) Medizinalrath Dr. Albert Weiß, Professor Bischoff u. A. Die Herren führen merkwürdigerweise mitunter Gründe an, welche ihren eigenen Stand arg compromittiren, wie z B. die Verletzung des weiblichen Schamgefühls durch die Rohheit der männlichen Mitstudirenden!

\*\*) Julius Duboc.

schaft bestimmt? Wie viele nach bisherigem System erzogene Mütter sind überhaupt fähig, ihren Beruf auszufüllen?

Last not least tritt nie Geistlichkeit\*) auf und lehrt, das Hervortreten des Weibes in die Oeffentlichkeit sei wider die gottgewollte Ordnung; das Weib solle in der Stille und Demuth wandeln und ihrem Haupt unterthan sein.

Und noch ist das Wort des Geistlichen für eine sehr große Zahl von Frauen maßgebend.

Die Spuren der Wirkung des Paulinischen Gebotes: daß das Weib schweigen solle in der Gemeine, lassen sich vom Beginn der christlichen Zeitrechnung bis in die Gegenwart verfolgen. Es ist interessant, dies an einem Beispiel aus dem vorigen Jahrhundert zu thun, als das Wort „Emanzipation" zwar noch nicht auf der Tagesordnung stand, jedoch die Idee der Emanzipation in mancher hochbegabten Frau bereits zum Ausdruck gekommen war.

Es war Frau Adelgunde Gottsched, (geb. 1713, gest. 1762) welche sich damals befleißigte durch Wort und Wandel ihrem Geschlecht „die stolze Demuth des Weibes" zu predigen. Für ihren herz- und geistlosen, nur von Ruhmsucht und Gelehrtenstolz erfüllten Mann, der sie obendrein durch seine Untreue tief verwundete, dreißig Jahre hindurch unablässig die schwerste Frohnarbeit mit der Feder zu verrichten, und zwar bei abnehmenden Kräften und schwindender Begeisterung für seine Ziele, das schien ihr ein würdiger, echt weiblicher Opferdienst; dafür eignete sie sich gelehrte Kenntnisse, zuweilen trockener, ihrem Geschmackwiderstrebender Art an, und dabei beharrte sie trotz schwerer Leiden bis an ihr Ende. Aber die freie, selbsterwählte Geistesthätigkeit anderer Frauen fand sie nichtig, und die öffentliche Anerkennung

---

\*) Ihre Zahl ist Legion.

derselben setzte die Betreffende in ihren Augen nur herab. „Eine naive Furcht, pedantisch zu sein oder pedantisch zu scheinen, hat sie niemals verlassen. In ihrer Jugend belustigte sie sich über die Bologneser Promotion der Naturforscherin Laura Bassi und meinte, daß, wenn dieser junge Doktor Kollegia lesen werde, solcher in den ersten Stunden mehr Zuschauer als in der Folge Zuhörer bekommen möchte. Zwei Decennien später spottete sie über die deutschen Fakultäten, welche das deutsche Frauenzimmer creirten, promovirten und krönten trotz den Franzosen. Einer Greifswalder Medizinerin räth sie, einen neuen Kirchhof anzulegen." (!!)*)

Gottsched wünschte ihren Eintritt als Mitglied in die Leipziger Deutsche Gesellschaft, in welche durch sein Zuthun die gekrönte Poetin Frau Christiane Marianne von Ziegler bereits aufgenommen war. Seine Gattin aber wies die an sie ergangene Einladung zurück mit dem Bemerken: „Ehe (die eben Genannte) darinnen war, wäre mir die Ehre zu groß gewesen; jetzt ist sie mir zu klein." Der Verfasser ihres Lebensbildes fügt hinzu: „So dachte Diejenige über weiblichen Gelehrtendünkel, welche von Maria Theresia als die gelehrteste Frau in Deutschland bezeichnet werden konnte.

Aehnlichen Sinnes ist die Dichterin Ida v. Reinsberg-Düringsfeld (geb. 1815). Nachdem sie höchst treffende Bemerkungen über die Mängel der gewöhnlichen Frauenschriftstellerei gemacht hat, fährt sie fort: „Daß eine Frau nur in einem ungewöhnlichen Talent oder in einer gründlichen, tüchtigen Bildung eine Entschuldigung finden kann, wenn sie etwas Anderes anstrebt, als was unser Aller Amt und Würde ist, davon haben diese unbefugten und unberufenen Schreiberinnen kaum eine Ahnung, geschweige denn eine Vorstellung."

Hiernach müßte also die an Erfahrungen reiche und

---

*) Paul Schlenther, Frau Gottsched.

mit der Gabe des Wortes ausgerüstete Frau erst die Welt um Verzeihung bitten, wenn sie die Zunft der männlichen Scribenten durch ihre Arbeit zu beeinträchtigen wagt!

Im Vergleich zu der krassen Ungerechtigkeit in der Denkart dieser, den gewöhnlichen Bildungsgrad ihres Geschlechts weit überragenden Frauen darf Einem freilich die Kurzsichtigkeit und Verblendung der Mehrheit nicht allzu verwunderlich erscheinen.

Von vielen Beispielen aus meiner Erfahrung will ich nur einige herausgreifen.

Eine alte Aristokratin, in der Meinung aufgewachsen, daß vornehmes Nichtsthun besser sei als jede außergewöhnliche Beschäftigung, nahm gewaltigen Anstoß daran, daß die Freundin ihrer Tochter es allein durch Selbstunterricht zu hervorragenden Leistungen auf philosophischem Gebiet gebracht und sich die Anerkennung von Fachgelehrten erworben hatte. Sie nannte dieselbe eine **Mißgeburt**, der die eigene Mutter das Genick brechen sollte!

Als mich der Zufall einmal in einen Kaffeeklatsch führte, wurde daselbst von einer Dame erzählt, daß sie zu ihrem Vergnügen nationalökonomische und naturgeschichtliche Schriften lese. „Was kann sie denn davon verstehen!" rief eine der Anwesenden aus, und eine Andere schlug selbstzufrieden an ihre Brust und rief: „Nein, Gott sei Dank! mit solchen Dingen gebe ich mich nicht ab."

Desselben Geistes Kinder stimmen natürlich auch mit einem „Gott sei Dank" der Verordnung gewisser hoher Staatsmänner bei, daß in Deutschland keine Frau zum Besuch der Universitäten zugelassen werden solle.

Es regt sich indessen schon an allen Enden die Ueberzeugung von der Berechtigung der zeitgemäßen Forderung, mit welcher die außerdeutschen Frauen bereits überall durchdringen, und so wird die fortschreitende Culturentwicklung denn auch im deutschen Reiche bald

über alle widerstrebenden Elemente hinweg zur Tages=
ordnung übergehen.

Der Culturhistoriker Riehl hat in einem seiner
öffentlichen Vorträge die Behauptung ausgesprochen,
daß die höheren und bevorzugten Stände von der
Frauenfrage gar nicht berührt würden, da sie ja nur
eine Erwerbs= und Versorgungsfrage sei. Deshalb
däucht ihm eben auch die Einführung der Frauen in
höhere wissenschaftliche Berufsarten ganz überflüssig, da
vermögende Eltern ihre Töchter in anderer Weise ver=
sorgen können.

Der Herr Professor befindet sich hierbei in einem
zwiefachen Irrthum. Erstens ignorirt er die Thatsache,
daß die Vermögensverhältnisse der Aristokratie und des
höheren Beamtenstandes in zahlreichen Fällen gar nicht
mit den Anforderungen ihrer Stellung im Einklang
stehen, und die Wittwen und Töchter dieser Klassen
häufig genug der materiellen Sorge preisgegeben sind,
und zweitens verkennt er das Hauptziel der Frauenbe=
wegung. Denn bei dieser handelt es sich durchaus
nicht allein um das äußere Fortkommen, sondern sie ist
vielmehr in erster Reihe ein Kampf für das gleiche Recht
beider Geschlechter, durch Bethätigung ihrer Kräfte sich
ein befriedigendes Dasein zu verschaffen.

Leider herrscht in den Kreisen der Begüterten noch
vielfach die Ansicht eines Riehl, daß ihre weiblichen
Familienmitglieder, wenn sie unverheirathet bleiben,
nichts Besseres zu thun haben als, unter Verwandten
und Freunden weilend, ihre Einkünfte zu verzehren,
wobei sie sich nach Belieben und Bedürfen „nützlich"
machen können. Worin dieses Nützlichmachen in der
Regel besteht und wie wenig befriedigend es für alle
Theile zu sein pflegt, weiß so ziemlich Jedermann; doch
wie manche vorzüglichen Kräfte und Gaben dabei brach
liegen bleiben und wieviel Menschenglück dadurch zu

Grunde geht, das kommt den weiblichen Seelen par excellence niemals zum Bewußtsein.

Nicht allein aber das, sondern sie schreiben den weniger Bevorzugten, die für ihr Fortkommen zu sorgen gezwungen sind, auch noch ihre specifischen, vom Kastengeist genährten, vorgefaßten Meinungen über alles, was sich für ihren Stand schickt oder nicht, als Norm vor. Es giebt Damen, welche nichts dagegen einzuwenden haben, daß die Töchter vornehmer oder angesehener Familien heimlich um einen Spottlohn Handarbeiten an ein Geschäft liefern, welche aber mit der Besitzerin oder Leiterin eines Geschäfts nicht an demselben Tische sitzen wollen. Denn wer mit dem Publikum verkehrt, zählt in ihren Augen nicht zur „anständigen Gesellschaft". So würde auch manche Dame aus der feinen Welt einer Verwandten oder Freundin allenfalls gestatten, als Concertsängerin ihr Talent zu verwerthen, würde aber unbedingt jeden Umgang mit ihr abbrechen, wenn sie zur Bühne ginge.

Viele halten den Lehrerinnenberuf für den einzig anständigen, und manche unbemittelte Professors=, Beamten= oder Officierswittwe möchte ihre Töchter lieber als Gouvernante das elendste Leben fristen sehen, als zugeben, daß eine derselben die gesunde, ersprießliche Thätigkeit einer Wirthschafterin auf dem Lande erwählte, oder eine Handfertigkeit betriebe wie das Blumenmachen, Kunststicken, gewerbliche Zeichnen 2c.

In einem Punkt muß man den Gegnern der Emanzipation Recht geben, nämlich wenn sie sagen, daß es thatsächlich keinen Mangel an Frauenarbeit gäbe. Wäre diese Arbeit nur auch immer eine lohnende! Das zweite Argument, worauf sich jene stützen, nämlich die Behauptung, daß der Nothstand, über den man so viel Lärmen schlage, hauptsächlich durch das Streben der unteren und mittleren Klassen über ihren Stand und ihre bisherige Lebensstellung hinauszugehen, verschuldet werde, ist nur mit Vorbehalt zuzugeben. Es ist dies unstreitig ein allgemeiner Zug der Zeit, dem beide Geschlechter folgen; aber er ist nicht die Ursache, sondern die Folge socialer Uebelstände. Wenn wir sehen, daß so oft die Söhne und Töchter etwas Besseres sein wollen, als die Eltern, oder letztere selbst in ihren Kindern thörichte Wünsche erwecken und nähren, so tadeln wir sie mit Recht wegen ihrer Unvernunft; auch kann nicht geleugnet werden, daß Ungenügsamkeit, Faulheit, Dünkel, Putz= und Genußsucht und andere Untugenden eine beträchtliche Rolle bei der Verschlimmerung der allgemeinen Zustände spielen; — was aber dem Allen zu Grunde liegt, ist das schreiende Mißverhältniß zwischen Leistung und Lohn, die Ueberschätzung der geistigen im Vergleich zur physischen Arbeit, (die härteste körperliche Arbeit wird thatsächlich am niedrigsten geachtet und am schlechtesten bezahlt), die Unmöglichkeit für zahllose Menschen, bei äußerster Anstrengung und Abnutzung ihrer Kräfte sich die nothwendigsten Lebensbedingungen, geschweige denn die geringste Annehmlichkeit verschaffen zu können, das Beispiel der vom Zufall begünstigten, ein unthätiges Genußleben führenden Besitzenden, welches viele der Arbeitenden zur Nachahmung reizt, und sie entweder zur Faulheit oder zum Verprassen ihres Erwerbes verleitet, mit einem Worte: die tiefgewurzelten Schäden unseres gesellschaftlichen Systems.

Sind sie nicht allesammt dazu angethan, die Menschheit in dem vieltausendjährigen Irrthum zu befestigen, daß die Arbeit ein Fluch sei, und nicht vielmehr der größte Segen?*)

---

*) Dieser Irrthum wird zuerst den Kindern durch den biblischen Unterricht eingeprägt und wenn sie später die Arbeit im

In doppeltem und dreifachem Maße werden die Frauen von diesen Mißverhältnissen betroffen. Die Männer haben stets das beste Theil für sich erwählt und dem schwächeren Geschlecht die Brosamen überlassen, die von ihrem Tische fallen. Den armen, um die tägliche Nahrung schwer ringenden Frauen zahlt man für das gleiche Maß körperlicher und geistiger Arbeit einen bedeutend geringeren Lohn, oft kaum mehr als die Hälfte von dem, den die Männer erhalten, unter dem Vorwande, daß ihre Leistungen geringer seien, in Wahrheit aber, weil man keinen Widerstand von ihnen zu fürchten hat!

Es müssen buchstäblich ihrer Tausende der Ueberlast zum Opfer fallen und auf eine oder die andere Art zu Grunde gehen. Die Arbeiterin der unteren Klassen und selbst die mittellose oder verarmte Frau der sogenannten besseren Stände ist schlimmer daran, als ein Lastthier, dessen Erhaltung wenigstens im Interesse des Besitzers liegt. Wenn der ihr verabreichte Bettellohn zum nothdürftigsten Lebensunterhalt nicht genügt, und sie ihrem jammervollen Dasein nicht freiwillig ein Ende machen will, was bleibt ihr übrig, als sich dem Laster dienstbar zu machen? Denn nur sittengefährdende oder verderbende Berufsarten und das Gewerbe der Schande selbst ernähren das Weib reichlich und stehen ihr überall offen!\*)

---

Schweiße ihres Angesichts wirklich als Fluch empfinden, weil diese ihnen zu keinem menschenwürdigen Dasein verhilft, dann predigen ihnen die satten Schriftgelehrten, daß sie in Gottergebenheit mit ihrem Loose zufrieden sein sollen, es sei, welches es wolle!

\*) Vor Kurzem wurden in einer Gerichtsverhandlung in Leipzig zwei junge, bis dahin unbescholtene Verkäuferinnen wegen Diebstahls verurtheilt. Es kam bei dem Verhör zu Tage, daß die eine derselben ein Monatsgehalt von 15 Mark erhielt, während der anderen, welche vom Ladenbesitzer wegen angeblicher Unbrauchbarkeit entlassen werden sollte, nachgehends gestattet

Die Weiblichkeitsfanatiker aber, die zur Beseitigung dieser nichtswürdigen Ungerechtigkeit nie das Geringste gethan haben, wenden sich voll Verachtung von den unglücklichen Gesunkenen ab, weil sie „Träber essen mit den Schweinen" anstatt sich von trockenem Brot zu nähren, das ihnen Niemand zur Genüge giebt!

Geflissentlich oder halb unbewußt widersetzt sich die Mehrzahl der Männer jeder Aenderung dieser Zustände. Denn der Mann will, daß das Weib in jeder Hinsicht, besonders in geschlechtlicher, von ihm abhängig sei. Sie soll um der Versorgung und Lebensstellung willen zur Ehe genöthigt werden, oder sie soll außer der Ehe ihm zur Verfügung stehen. Diejenigen überzähligen Frauen, welche er zu keinem dieser beiden Zwecke brauchen kann, sind für ihn vom Uebel; er befeindet und unterdrückt sie auf alle Weise. „Denn der Mann ist nicht geschaffen um des Weibes willen, sondern das Weib um des Mannes willen." „Und er soll dein Herr sein", hat Gott zur Stammmutter der Menschen gesagt (laut stenographischen Berichts seines auserwählten Dieners Moses).

Wer mit offenen Augen die Welt ansieht, wird mich schwerlich der Uebertreibung beschuldigen\*).

„Die allertiefste Noth liegt darin, daß es an Bewußt=

---

worden war, für 10 Mark monatlich in ihrer Stellung zu verbleiben. Die Wohnungsmiethe für ein solches Mädchen beträgt, wenn sie nicht die erbärmlichste Schlafhöhle beziehen will, etwa 9 Mark einschließlich Frühstück. Es bleibt ihr also für Essen, Kleidung und sonstige Bedürfnisse fast garnichts übrig. Die Folge davon ist in allen derartigen, nicht seltenen Fällen gewöhnlich die, daß das Mädchen sich entweder an ihren Arbeitgeber verkauft, oder sich von einem „Freunde" aushalten läßt. Sie thut also klüger, zur heimlichen Prostitution als zum heimlichen Betrug zu greifen!

Siehe die Broschüre: „Die Lage der Arbeiterinnen in den deutschen Großstädten" von Dr. Kuno Frankenstein. Leipzig 1888.

\*) „Die Stellung der Frauen im Leben uncivilisirter Völker wird für eine besonders entwürdigende gehalten. Ich habe diese Frauen gesehen, unter ihnen gelebt. Individuell sind sie mir

sein über die tiefe Noth gebricht", sagt die dänische Schriftstellerin Camilla Collet mit Bezug auf ihr Geschlecht.

Die ihrer Stellung nach einflußreichsten Frauen sind leider nicht immer die einsichtsvollsten. Im Gegentheil, die in gesicherter angenehmer Lage befindliche Frau der höheren Gesellschaftsklassen wickelt nach ziemlich feststehenden Regeln in immer gleicher Sphäre ihr Leben ab; je glücklicher und zufriedener sie sich fühlt, desto enger schließt sich ihr Gesichtskreis zusammen und desto weniger fragt sie nach dem Elend, das kaum jemals an den Saum ihres Kleides rührt, geschweige denn sie selbst ansicht. Um ihr Interesse für die Nothlage ihrer ungünstig gestellten Mitschwestern wach zu rufen, muß man mehr denn neun Häute durchdringen, was nur selten gelingt. Volkswirthschaft, Lohn= und Moralstatistik sind ihr so fremd wie Algebra; es wäre ihr auch

---

niemals so beklagenswerth erschienen als die Frauen der gebildeten Nationen. Bei jenen Völkerschaften ist ihre Herabsetzung eine positive, nicht relative; alle theilen ausnahmslos dasselbe Geschick, und das unterdrückte Weib steht thatsächlich nicht auf niedrigerer Stufe, als der vertierte Mann. Ueberbürdung mit unangemessener Arbeit, jede Art von Grausamkeit, welche der Stärkere dem Schwächeren nur erzeigen kann, scheint das unvermeidliche, natürliche Loos aller Weiber in uncivilisirten Staaten zu sein. In der civilisirten Welt dagegen fällt dasselbe Loos einem großen Theile der Frauen zu, und diejenigen, denen es erspart bleibt, verdanken diesen Vorzug nicht irgend einem Anrecht ihres Geschlechts, nicht irgend einer Sicherheit, die ihnen die Gesetze bieten, sondern allein dem Zufall ihrer Geburt und Lebensstellung. Außerdem können begreiflicherweise bei den Morgenländern, wo schon die Männer rechtlose Wesen sind, die Frauen keine Rechte haben, und im Vergleich mit der socialen Lage der Männer, welche nichts anderes als Sklaven sind, erscheint die Lage der Weiber als die Sklavinnen dieser Sklaven naturgemäß. Nur bei den gebildetsten aller christlichen Nationen geschieht es, daß das Weib verletzt und beirrt wird durch die Widersprüche zwischen ihrer Bestimmung und ihrem Geschick.
Mrs. Jameson: womans mission and womans position.

viel zu unbequem und zeitraubend, sich gründlich damit
zu beschäftigen, um sich einen Einblick in das ganze
Gebiet der Frauenfrage zu verschaffen, denn sie hat
„Besseres" zu thun. Wenn sie einmal hört, daß in
Deutschland ungefähr vierzig Prozent alleinstehender,
zumeist unverheiratheter weiblicher Wesen vorhanden
sind, von denen ein großer Theil auf eigenen Erwerb
angewiesen ist, so macht ihr das kein Kopfzerbrechen;
sie wiederholt einfach die landläufige Redensart, daß,
wer arbeiten wolle, auch stets Arbeit fände.

Eine Dame der geschilderten Art sprach mir ihre
Ueberzeugung aus, daß ein gut Theil der Frauenfrage
mit Leichtigkeit dadurch zu lösen wäre, daß die Töchter
der gebildeten Stände sich in großer Anzahl dem Dienste
der inneren Mission widmeten, die Töchter der Hand=
werker und niederen Gewerbetreibenden Dienstmägde
würden anstatt Kindergärtnerinnen, Ladenjungfern,
Klavierlehrerinnen oder dergleichen, und die Frauen und
Mädchen der ärmeren Landbevölkerung wieder in Schaaren
zu der ihnen mißliebig gewordenen Feldarbeit zurück=
kehrten, anstatt in den Städten ihren Verdienst zu suchen.
„So lange noch auf dem Lande weibliche Kräfte in so
großem Maßstabe fehlen, so lange die Krankenhäuser,
Kleinkinderschulen und sonstige Anstalten flehentlich um
Arbeiterinnen bitten, so lange sind keine neuen Berufs=
zweige für das weibliche Geschlecht nöthig. Schuster
bleib bei deinem Leisten, das sage ich auch zur Frau."
So lauteten ihre Worte, und sie fügte noch ihr Bedauern
hinzu, daß es nicht möglich wäre, von oben herab
einen Druck auszuüben, um alle Menschen in ihre
Kreise zurückzudrängen. (!)

So denkt und redet eine Frau, die doch erstens
wissen müßte, daß der Beruf einer Diakonissin nicht
ohne inneren Antrieb und besondere Anlage ausgefüllt
werden kann, abgesehen davon, daß es doch nicht Jeder=
manns Sache ist sich völlig und für immer unter geist=

liche Vormundschaft zu stellen; zweitens, daß der Kasten=
geist und Standesdünkel, welcher die kleinbürgerlichen
Familien davon abhält, ihre Töchter zu Dienstmägden
zu erziehen, durchaus kein anderer ist als der, welchen
die vornehmen Frauen als selbstverständliches Attribut
ihres Standes cultiviren; und drittens, daß der für die
sehr anstrengende Feldarbeit gebotene geringe Lohn nicht
geeignet ist, den Verlockungen des Fabriklebens ein
Gegengewicht zu geben. Wie kann man denn von un=
cultivirten und unwissenden Menschen überhaupt ver=
langen, daß sie ihr Bestes erkennen und vernünftige
Entsagung üben sollen, wo ihnen die Freiheit der Be=
wegung und Lebensgenüsse geboten werden, die ihrer
Auffassung und ihren Bedürfnissen entsprechen?

Die hartnäckigsten Feindinnen des Fortschritts zur
wirklichen Lösung der Frage sind diejenigen Frauen,
welche als probates Universalheilmittel für alle Drang=
sale ihres Geschlechts ein für allemal die Heirath empfehlen
und mit souveräner Nichtbeachtung der bestehenden Sach=
lage nur immer die beliebten Schlagwörter wiederholen:
„Der Beruf des Weibes ist die Ehe. Die Frau gehört
ins Haus. Die jungen Mädchen sollen zu guten Haus=
frauen und Müttern erzogen werden ꝛc." Sie schwärmen
vom Segen der Häuslichkeit, von Familiensinn und
Familienglück, lassen aber die Frage, wo denn die über=
zähligen Mädchen, die keine Ehemänner erlangen können
und auch keine fürsorgenden Eltern und Verwandten
haben, lebenslänglich schirmende Heimstätten finden sollen,
gänzlich auf sich beruhen. Denn was ist ihnen die
Statistik, daß sie auch nur das kleinste Steinchen
aus dem Festungsbau ihrer Prinzipien lösen oder ver=
schieben sollte?

Diese gedankenlosen glücklichen Frauen gleichen auf's
Haar jener chinesischen Prinzessin, die, als ihres Vaters
Reich durch eine Hungersnoth verheert wurde und man

ihr sagte, das Volk habe kein Brot, ausrief: „Nun, so mag es Kuchen essen!"

Als ich versuchte, einer solchen Dame durch Belege und Thatsachen aus dem Leben vor Augen zu führen, wie himmelweit im Allgemeinen das Loos des weiblichen Geschlechts in und außerhalb des Ehestandes von ihrem geträumten Ideal sei, erwiederte sie mir ungefähr Folgendes:

„Ich habe mich doch auch im Leben umgesehen und Erfahrungen gesammelt; von geknechteten Frauen, von jammervollen, menschenunwürdigen Existenzen weiß ich aber nur sehr wenig. Sie kommen im Leben auch lange nicht so häufig vor, wie man es nach der Schilderung in Büchern glauben soll, und wenn sie vorkommen, dann sind sie meistens selbst verschuldet." Punktum!

Es ist grade so, als wenn ein Flachlandbewohner sagte: „Es giebt gar keine Berge auf der Welt, denn ich habe niemals welche gesehen."

Man kann die Lage der Frauen insgesammt und die allgemeine Auffassung derselben nicht besser charakterisiren als mit den Worten, welche Mrs. Jameson im Jahre 1846 niedergeschrieben hat[*]), weil dieselben trotz mancher Fortschritte und Errungenschaften auf dem Gebiete der Frauenfrage immer noch eine niederschlagende Wahrheit enthalten:

„Das ist es, was ich meine, wenn ich von der regelwidrigen Lage der Frauen in unserer Zeit rede. Als die Hauptquelle unberechenbaren Schadens möchte ich den Widerspruch zwischen ihrer vorausgesetzten und ihrer wirklichen Stellung hervorheben, den Widerspruch zwischen dem, was man ihnen eigenen, von Gott und

---

*) Womans mission and womans position.

Natur ihnen bestimmten Wirkungskreis nennt, und dem, was infolge der zwingenden Nothwendigkeit und der verschobenen Verhältnisse einer unnatürlichen Existenz thatsächlich ihr Wirkungskreis geworden ist. Wollte ich in Carlyle's kräftiger Sprache reden, so würde ich sagen: **Hier ist eine Lüge aufgepflanzt mitten in der Gesellschaft! Reißt sie nieder bis auf den Grund.** — Denn so lange diese verwirrende und grausame Anomalie besteht und wie ein Geschwür am Herzen der Gesellschaft frißt, so lange sind alle Heil- und Linderungsmittel vergeblich. Die Frage muß auf einem oder dem anderen Wege entschieden werden: entweder man erkläre den Mann in allen Lebensbeziehungen für den naturgemäßen Beschützer des Weibes, der für ihren Unterhalt und ihr Wohlbefinden der Gesellschaft verantwortlich ist, und fordere dann auch von ihm die Erfüllung der anvertrauten Pflicht, — oder, wenn das Weib denn doch einmal dem Schicksal ausgesetzt ist, aus dem Heiligthum des Hauses getrieben zu werden, um mit allen ihr von Gott verliehenen Fähigkeiten für sich selbst sorgen zu müssen, so lasse man ihr zum Wenigsten freien Spielraum. Aber man erkläre nicht mit demselben Athemzuge, daß sie des Schutzes bedürfe und daß man ihr den Schutz zu verweigern berechtigt sei; während man sie in die Wüste entsendet mit der Bürde auf dem Rücken und dem Wanderstabe in der Hand, fessele man ihr nicht Hände und Füße und verbinde ihr nicht die Augen."

\* \*

Wann wird sie ausgetilgt sein, diese Lüge, die inmitten der Gesellschaft aufgerichtet ist und so fest gegründet und unzerstörbar scheint, wie die uralten Königsgräber in Aegypten?

Man kann sie nicht mit einem Schlage niederwerfen,

aber man kann ihr den Boden untergraben, und das geschieht, wenn ein jeder Mensch, der sie als Lüge erkannt hat, sie auch als solche bloßstellt und bekämpft, wo und wie er es nur immer vermag. Möge Keiner zaghaften Herzens zuschauen und abwarten wollen, ob es den Vorkämpfern gelingen werde, sondern lasset uns Alle, die wir über das Ziel einig sind, zusammenstehen und mit Muth, Ausdauer und Hoffnungsfreudigkeit das Werk der Befreiung fördern, gleichviel, ob wir den Sieg erleben oder nicht.